Für Marie-Therese
und für ihren
tollen Sohn Ferdi.
Schön, daß ihr uns
in Bad Urach besucht
habt.
Ganz herzlich, Klaus

28/9/2017

PURE SÜNDE

PATER FRANZ, DER SICH NICHT NUR IN DIE JUNGFRAU MARIA VERLIEBTE.

EINE POLEMISCH-ROMANTISCHE TRAGÖDIE VON

Klaus D Wagner

© **2016 Klaus D Wagner, Sydney Australia**

English Language Editor: Roger McAuliffe

Umschlagzeichnung: Roger McAuliffe

Paper: White Book Paper 100 gsm (FSC accredited)

Druck: SOS Print+Media, Sydney

Printed in Australia

www.klausdwagner.com

Eine polemisch-romantische Tragödie
Charaktere, Institutionen, Organisationen oder Orte die in dieser polemisch-romantischen Tragödie Erwähnung finden, entspringen entweder der Phantasie des Autors oder werden, falls sie wirklich existieren, fiktiv und ohne die Absicht, aktuelle Gegebenheiten oder Geschehnisse zu beschreiben, eingesetzt.

KLAUS D WAGNER

Geboren am 11. Juni 1952 in Esslingen

Heimatstadt - Bad Urach

Hochschule der Medien - Stuttgart

K & E Preisträger (Kast & Ehinger Preis)

Internationale Werbeagentur - Frankfurt

Internationale Werbeagenturen - Sydney, Australien

Wagner Business Development Pty Ltd - Sydney

Bundesverdienstkreuz - von Bundespräsident Johannes Rau

Wohnsitz - an den nördlichen Stränden von Sydney

Bücher des Autors:

Die Karolus Magnus Trilogy

Waldo	-	Der Priester Karl des Großen
Gotsbert	-	Der Schreiber Karl des Großen
Karolus	-	Das Leben Karl des Großen

SOUL - Thriller mit Co-autor Roger McAuliffe

Pure Sünde	-	polemisch-romantische Tragödie
Pures Feuer	-	Flüchtlingstragödie

*Welcher Reichtum ist größer
als der des Bedürfnislosen?*

*Welche Macht ist größer
als die des Unabhängigen?*

Petrarch
1304 - 1374

FÜR
ANNA

I

In seiner Wiege neben dem Kachelofen, hörte der kleine Franz mit großen Augen verwundert auf den Klang der Kirchenglocken, draußen in der Nacht. Sie waren ganz in der Nähe, schwangen in dem Turm der Kirche Mariä Geburt, in dem kleinen nordböhmischen Ort Hennersdorf, hin und her.

An kalten, winterlichen Nächten wie dieser, konnte man der Glocken Resonanz im Herzen und in der Seele spüren. Wenn Klang eine Farbe hätte, wäre das heutige Läuten ein silbriges Blau gewesen, wie der Mondschein in der umliegenden Schneelandschaft.

Das himmlische Glockenspiel erklang glasklar in der eisigen Luft außerhalb des warmen, verpuppten Kokons des Kaschke Hauses.

Der himmlische Ton jagte die bösen Geister davon, welche draussen, in der Winternacht, gerne lauerten um die reine Seele des Kindes Franz zu entführen solange sie noch so hell und rein wie das Licht der heiligen Wunder aus seinen hellen Augen schaute.

Für die gläubige, katholische Familie Kaschke, welche gerade zum Abendessen am Tisch saß, war das Glockenspiel wie Musik die von einem Engel gespielt wurde. Dieser griff nach ihnen, um ihre Seelen zu berühren, denn sie saßen mit gefalteten Händen und gebeugtem Kopf vor ihrer Mahlzeit und dankten Gott.

Mit den himmlischen Glocken und den heiligen Gebeten würden sich keine Dämonen wagen ihre Tür an diesem Abend zu verdunkeln.

Die bösen Geister zu verjagen war jedoch nicht in der Absicht des Mannes welcher die Kirchenglocken an jenem Abend läuten ließ - er war einfach damit beschäftigt, nach seinen Reparaturen an der Riemenscheibe und der Achse, ihren Mechanismus zu testen. Trotzdem war sein Zeitpunkt an jenem Tag perfekt gewählt.

Normalerweise erklangen die Glocken nur aus religiösen Gründen - um die Gläubigen zur Teilnahme an der Messe zu rufen, einen Feiertag einzuläuten oder die Übergabe eines der Gläubigen an das ewige Himmelreich zu verkünden.

Aber an diesem besonderen Abend, dem 10. Februar 1863, kündigten die Glocken die Ankunft einer neuen Seele in dieser Ortschaft an. Das neugeborene Kind wurde der neueste Untertan von Kaiser Franz Joseph I, dem Oberhaupt der Österreichisch-ungarischen Monarchie.

Auf seinem erhabenen Thron mit Sitz in Wien, hatte der mächtige Kaiser natürlich keinerlei Interesse an dem bescheidenen, alltäglichen Leben der gewöhnlichen Bewohner von Hennersdorf.

Immerhin, ein kleines Mitglied der Kaschke Familie teilte den Vornamen mit dem überaus beliebten Kaiser. Doch auch für Franz, der in der Wiege lag, war der wundersamen Klang der Kirchenglocken das einzig Interessante was er hören konnte.

Ohne es selbst schon zu erahnen, würde ihm das hallen des Glockenspiels von der Zeit an wo er seine Wiege verließ bis zum Augenblick seines Todes zum Schicksal werden.

Als die Glocken abrupt aufhörten zu läuten, starrte Franz auf die dunkle Decke über ihm und blinzelte mehrmals als wolle er sie zwingen von Neuem zu spielen.

Stattdessen fing er beim nächsten Ton den er hörte an zu weinen.

Ein gellender Schrei erschütterte die momentane Stille die durch das Aufhören des Glockenläutens entstand.

Franz Mutter Rosalia musste auf den Schrei gewartet haben weil sie sofort von ihrem Stuhl aufsprang und aus dem Zimmer in das Nachbarhaus entschwand, sie wurde von ihrer Mutter Rosina gefolgt.

„Das Baby der Harmanns ist da", sagte Franz' Vater, Johann Kaschke glücklich zu seinem eigenen Vater Joseph. „Marias erstes Kind. Ich stelle besser schon mal eine Flasche Sliwowitz zum Feiern bereit."

Kaum hatte er es gesagte, als der neue Vater, sein Nachbar Johann Harmann, und dessen Vater, auch Johann aus der Kälte hereinbrachen und aufgeregt riefen: „Es ist ein Mädchen! Wir werden sie Karoline nennen!"

Gott sei Dank, ist es nicht ein weiterer Junge namens Johann, dachte Joseph. Wir haben bereits drei Johanns hier in diesem Raum.

In all der Aufregung war das schreckliche Weinen des kleinen Franz unbemerkt geblieben. Sein Großvater Joseph nahm in letztendlich aus der Krippe und beruhigte ihn.

„Nimm ihn doch nach Nebenan zu seiner Mutter", sagte Johann Kaschke, „damit er seine neue

Nachbarin, die kleine Karoline gleich kennenlernen kann."

II

Es ist schwierig zu sagen, was der kleine Franz darüber dachte als er die neugeborene Karoline zum ersten Mal sah.

Er war offensichtlich zu jung, um das Wunder eines neuen Menschenlebens zu bestaunen. Aber in seinem reinen Herzen war schon der Samen des geheimnisvollen Wunders der Liebe gepflanzt.

Seine Mutter, Rosalia Kaschke, hatten auch erst vor Kurzem ihre Tochter Anna zur Welt gebracht. Die Geburt zweier Mädchen fast zur selben Zeit verband die beiden Frauen und schaffte die Grundlage für eine dauerhafte, enge Freundschaft unter beiden Familien.

Ihre Kinder waren unzertrennlich. Die drei Kaschke Geschwister waren im Alter jeweils nur ein Jahr auseinander. Zu Weihnachten im Jahr 1869 war Karl der Älteste sieben, Franz sechs und Anna fünf Jahre alt, gleichalt wie ihre Nachbarin Karoline Harmann.

Gemeinsam genossen sie die glücklichste Kindheit die man sich vorstellen kann, auch in der Liebe und Sorgfalt beider Elternpaare, alle zusammen wie eine große Familie.

Johann und Rosalia Kaschke waren hoch angesehene Pferdehändler mit einem kleinen Gestüt.

Sie züchteten hauptsächlich Rottaler Warmblüter, eine ausgezeichnete allzweck Reit- und Fuhrrasse, die auch für Dressur geeignet war.

Während Johann sich um den Verkauf der Pferde kümmerte, handelte Rosalia mit Pferdepflege- und Futtermitteln.

Ihre Nachbarn, die Harmanns, waren Landwirte mit reichem, fruchtbarem Boden. Sie hatten Felder für Mais und Kartoffeln, Wiesen für Kühe, Seen für Fische, Enten und Gänse und selbst einen Wald für Rehe und Hirsche.

Beide Familien versorgten nicht nur die Gemeinde, sondern auch die in der Nähe wohnenden Edelmänner in ihren Burgen und Schlössern.

Für die vier Kinder war das Leben auf den Hofgütern voller Freude und Aufregung. Sie liebten die Tiere und kümmerten sich um deren Bedürfnisse.

Die vier engen Freunde unternahmen alles gemeinsam und waren sogar in der gleichen Klasse in der kleinen Dorfschule - eine Klasse für Alle von Schuljahr eins bis zehn.

Da Anna und Karoline im selben Alter waren wuchsen sie wie Zwillingsschwestern auf und waren unheimlich stolz auf die beiden Brüder Karl und Franz.

Beide liebten den Sonntagsgottesdienst, wo sie immer in den vorderen Reihe Karl und Franz als Ministranten bewunderten: „Es ist eine große Ehre an Gottes Gabentisch zu dienen", erinnerte sie ihre Mutter jeden Sonntag bevor sie in die Kirche gingen.

„Mit ihren strahlend weißen Halskrausen und schwarzen Kutten sehen sie so schön und gottergeben aus", sagten entweder Anna oder Karoline jeden Sonntag immer wieder.

Sie bewunderten Karl und Franz wenn sie die großen Altarkerzen anzündeten oder das Messbuch für den Pfarrer hielten, ihm gesegnetes Wasser über die Hände schütteten und beim Segnen des Brotes und des Weins mit den Glocken läuteten - doch am aller Schönsten war es, wenn sie das Weihrauchfass schwangen als Symbol zur Verehrung des Allmächtigen und des Aufsteigens der Gebete zu Gott, dem Vater im Himmel.

Für Karoline und Anna war es jeden Sonntagmorgen wie eine wunderbare Theateraufführung.

Obwohl beide Mädchen sehr stolz auf die beiden Jungen waren, dauerte es nicht lange, bis sie sich zu necken begannen um ein bisschen Spaß auf Kosten der Anderen zu haben. Sie erfanden ein kleines Lied mit Tanzeinlage, das sie jeden Sonntag auf dem Heimweg aufführten.

Die Mädchen hüpften und sangen diese Worte:

„Karl und Franz ihr frommen Jungen
lasst uns singen und schwingen.
Komm und tanz
Karl und Franz!
Komm und tanz
Karl und Franz!
Auf ihr Buben
Seid keine Ruben

Habt ein Tänzchen
mit uns Mädchen!"

Dieses Lied zu hören war furchtbar, Karl und Franz konnten es nicht ertragen. Schon beim ersten Ton des Liedes liefen die Jungs mit Händen über ihren Ohren davon und schrien: „Das Wort Ruben gibt es gar nicht!"

Anna und Karoline wussten auch, dass es ‚Ruben' als Wort nicht gab. Aber es war ihnen egal. Sie mochten es, und es reimte sich mit ‚Buben'. Und es war ihr Lied ... damit war alles gesagt.

III

Beim Weihnachtsessen sprach am Tisch der Kaschkes keiner auch nur ein Wort. Ein jeder schaute gebannt was auf ihrem Teller lag. Es war, als hätten sie noch nie ein Stück gekochten Fisch gesehen.

Wenn man nicht wüsste was serviert war, würde man denken, dass sie ein Schweigegelübde zu den Mahlzeiten abgelegt hätten wie die heiligen Mönche im Kloster.

Jeder war äußerst vorsichtig wenn sie ihr Essen zum Mund führten. Erst nach äußerst intensiver Untersuchung des Fisches auf der Gabel nahmen sie schließlich einen Bissen. Dieser wurde dann langsam und aufmerksam zerkaut, mit leidenschaftlicher Konzentration, die fast religiös und fromm zu sein schien.

Der sechs Jahre alte Franz war der erste, der die Konzentration verlor. Als er den nächsten Bissen Fisch mit seiner Gabel aufspieß und zu seinem Mund hob, blickte er mit einem Lächeln in die Runde, als wollte er etwas lustiges sagen.

Die ernste, ermahnende Miene seines Vaters lies ihn sofort erstarren und Franz' humorvoller Impuls blieb ihm im Halse stecken. Er stopfte schnell das Stück Fisch auf seiner Gabel in seinen klaffenden Mund und kaute so hastig, dass er sich dabei auf die Zunge biss. Er schrie laut vor Schmerzen und schluckte das Stück Fisch unzerkaut hinunter.

Zumindest dachte Franz er habe es verschluckt. Doch eine Fischgräte hatte sich in seiner Speiseröhre verfangen und er fing heftig an zu husten.

„Der Fluch des Karpfen!" rief sein älterer Bruder Karl, der mit nur sieben Jahren bereits ein Gespür für das Phantasievolle und Dramatische hatte.

Franz' Vater sprang von seinem Stuhl auf und stellte seinen jüngsten Sohn auf die Füße. Von hinten schlang er seine Arme um ihn und ruckte hart an dessen Rücken. Franz krümmte sich mit einem lauten Schrei, als hätte ihm jemand in den Magen geboxt. Die Gräte schoss aus seinem Hals auf seine Stiefel.

Franz war zu aufgeregt als dass es ihm hätte peinlich sein können. Während seine Mutter ihn zu trösten versuchte, befürchtete er, dass sein Vater ihn wegen seiner Nachlässigkeit streng belehren würde, denn er wusste wie gefährlich es war, Karpfen mit all den kleinen Gräten zu essen.

Stattdessen, als er die Qualen seines jungen Sohnes sah, lächelte Johann und machte einen Witz, um ihn aufzumuntern: „Gott hat über dich gewacht, mein lieber Junge", sagte er. „Der himmlische Vater würde es nicht zulassen, den Ehenmann der heiligen Mutter Maria an einer Gräte ersticken zu lassen!"

„Der Allmächtige Heiland unser Gott hat dich gerettet", sagte Franz' Mutter Rosalia und küsste ihn auf die Stirn.

Sein Vater zerzauste Franz' Haar: „Der Fisch ist ein Symbol für Jesus", sagte er, mit einem leisen Lachen und endlich kam auch ein kleines Lächeln auf Franz' Gesicht.

Aber das Lächeln maskiert eine Verwirrung in seinen jungen Geist. *Vater rettete mich vor dem Ersticken an der Gräte, nicht Gott,* dachte er.

„So wie wir alle", sagte seine Mutter, „möchte der Herr im Himmel auch sehen wie du heute Abend die Rolle des Joseph, dem Ehemann der Mutter Maria in der Krippe zu Betlehem spielen wirst."

Franz' Stimmung hob sich sofort und sein Wohlbehagen kehrte zurück. Seine Augen leuchteten vor Freude, weil er in ein paar Stunden im Krippenspiel in der weihnachtlichen Kirche mit seiner liebsten Kindheitsfreundin Karoline teilnehmen durfte.

Sein Blick bewegte sich in Richtung ihres Nachbarhauses; seine Mutter bemerkte es und hob die Hand vor ihr Gesicht um ihr Lächeln zu verbergen.

„In der Kirche ist alles bereit", erklärte Johann

mit geschwellter Brust. „Die Krippe ist direkt vor dem Altar errichtet. Wir haben sogar einen großen, mit Kerzen beleuchteten Stern! Die Bühne ist ein Kunstwerk, wenn ich das so sagen darf. Alle Väter haben es heute Morgen fertig gestellt."

Rosalia konnte dies nicht unangefochten so stehen lassen.

„Und lasst uns nicht die Mütter vergessen", sagte sie. „Es wäre kein schönes Schauspiel ohne den herrlichen Kostümen die wir Mütter geschneidert haben."

Sie lachte insgeheim über einen Gedanken, der ihr in den Sinn gekommen war: *Ich glaube nicht, dass die kleine Karoline mit dem Kissen, welches ihre Mutter unter die Schürze nähte sehr zufrieden war. Sie sah sehr verlegen aus, als sie es anprobierte.*

„Das Kissen ist das Jesuskind in ihren Bauch", sagte Franz, ernst. „Ich glaube, dass es schön und gar nicht anstößig ist."

Johann und Rosalia tauschten glückliche Blicke aus, sie hatten denselben Gedanken: *Ja, unser kleiner Franz wird einmal ein feiner Priester werden.*

Franz konnte zu der Zeit noch nicht wissen, dass sein Schicksal, als zweitgeborener Sohn, zu einem Leben in der Kirche und der Liebe zu Gottes bestimmt war. Denn in diesem Augenblick, wusste er nur, dass er die süße Karoline von ganzem Herzen liebte. Obwohl er erst sechs Jahre alt war, schien es ihm klar, dass sie so wie jetzt für immer zusammen sein werden.

Er sah sie jeden Tag, aber in den letzten paar

Wochen waren die Mittwochnachmittage etwas besonderes gewesen, als er und Karoline ihre Rollen als Josef und Maria im Krippenspiel probten.

Er stellte sich das wie im wirklichen Leben vor... liebevoll und anhänglich, Mann und Frau, genau wie seine Eltern es waren.

Er hatte schwer daran gearbeitet um Karoline zu beeindrucken und wusste, dass er seine Rolle perfekt spielte.

Er hatte sich von seiner schrecklichen Erfahrung mit der Fischgräte vollständig erholt und nun konnte Franz es nicht erwarten, die Rolle von Joseph, dem Zimmermann und Ehemann der Mutter Maria, seiner geliebten Karoline, zu spielen.

IV

Karolines Argwohn gegen das Jesukissen unter ihrer Schürze war gerechtfertigt, begleitet von Franz watschelte sie auf die Bühne; minus Kissenfüllung, denn diese enthielt nun Karolines winzigen Welpen, der kräftig bei Fluchtversuchen zappelnde.

Zu Karolines großer Verlegenheit lachten alle in der Kirche über das überaktive Jesuskind, ... und Franz' Betroffenheit wurde schnell zur Wut.

Er blickte mit grimmigem Stirnrunzeln auf seinem Gesicht in's Publikum, als wolle er das Lachen zum Schweigen bringen. Aber es klang bald von alleine ab und Franz sah wieder zufrieden aus und lächelte zu Karoline, die immer noch zu beschämt war um selbst zu lächeln.

Beide Kinder kannten ihre Rollen gut und konzentrierten sich auf das Schauspiel und gingen zu der schönen Krippe voller Stroh und den vielen Tieren die darum standen. Allerdings nicht die üblichen Tiere wie Schafe, Ziegen, Kühe oder Esel, denn der Priester hatte einen Strich in seinem Gotteshaus gezogen und diese großen Tiere nicht zugelassen. So stellten sich die Kinder eben mit Kaschkes Schäferhund, einer Katze und mehreren Gänsen zufrieden.

Als Vater Joseph machte sich Franz sofort daran das Stroh in der Krippe für das Jesuskind aufzulockern. Währenddessen spielte Karoline ihre Rolle als Mutter Maria. Gerade als Joseph mit dem Stroh fertig war, schrie Maria aus voller Kehle - ein Kind zu Bethlehem ward geboren.

Dann holte sie das Jesuskindwelpen unter ihrer Schürze hervor und reichte es Joseph, der das ,Kind' sorgfältig in die Krippe platzierte, ein einfaches Bett aus Stroh für den glorreichen Retter der Menschheit.

In diesem Augenblick erschien ein großer, heller, kerzenbeleuchteter Stern hinter der Krippe und erzeugte die magische Wirkung welche der Geburt des Sohnes Gottes gebührte.

Alle Zuschauer hielten bei dem Anblick des lichterfüllten Sterns ihren Atem an; vor allem die Feuerwehrleute die außer Sichtweite, hinter der Bühne befürchteten, dass die Papier- Holzkonstruktion in Flammen aufgehen würde.

Wie auf Befehl von oben bellte der Welpe dreimal, gerade als mehrere Kinder erschien um das neugeborene Kind zu bewundern - doch ganz plötzlich sprang der Hund aus der Krippe und rannte durch den Gang die Kirche entlang mit einigen Kindern als Verfolger, sie riefen: „Jesus, Jesus ...."

Wenig später kamen die drei Könige, allerdings etwas zu spät, um den heiligen Säugling zu sehen. Sie schlurften herum und wussten nicht was sie nun mit den Geschenken, die sie mitgebracht hatten, tun sollten.

Da fiel der Vorhang und die Gemeinde brach in einen begeisterten Applaus aus.

Kurze Zeit später, als der Vorhang sich wieder erhob, war die Krippe schon weggeräumt und der Pfarrer stand am Altar mit erhobenen Armen um seine Gläubigen im Haus Gottes zu begrüßen. An seiner Seite standen schon seine beiden Ministranten, Franz und Karl, sowie Karoline und Anna mit zwei grossen Weihnachtskerzen.

Als Franz und Karl ihre Glocken klingelten veränderte sich die Stimmung in der Kirche von der Heiterkeit des Krippenspiel zu der feierlichen Andacht der weihnachtlichen Mitternachtsmesse.

V

Im abgedunkelten Esszimmer erreichte das zarte glimmern der 14 Kerzen, auf Franz' Geburtstagstorte durch seine Augen in die tiefsten Winkel seiner Seele.

Er starrte wie hypnotisiert auf die sanft lodernden Flammen, ohne auf das Bitten der Versammelten zu achten die Kerzen auszublasen und sich etwas schönes zu wünschen.

In gewissem Sinne hatte Franz bereits einen insgeheimen Wunsch gemacht - er wünschte sich er wäre tot. Er widerstand dem Kerzen ausblasen solange er konnte, denn er wusste, dass er damit auch sein Glück und das gegenwärtige Leben das er so sehr liebte ausblasen würde.

Er sah völlig niedergeschlagen aus und machte keinen Versuch dies zu vertuschen. Das Leuchten in seinen Augen verschwand und vermischte sich im schimmernden Glanz des Kerzenschimmers mit Tränen die zu fliessen begannen.

Denn mittlerweile wusste Franz, dass im Augenblick seines 14. Geburtstags sein Schicksal besiegelt war. Als zweitgeborener Sohn musste er sein Leben dem Priesteramt widmen um das geistige Wohlbefinden seiner Familie auf dieser Erde und um die göttliche Barmherzigkeit und Gnade Gottes in ihrem Leben nach dem Tod zu gewährleisten.

Mit kläglichem Blick auf die Kerzen auf seinem Kuchen sah er seine Träume von einer Zukunft in Liebe und Freudschaft mit Karoline in Flammen aufgehen und wie ein flüchtiger Duft einer schönen Blume in der Luft für immer verschwinden.

„Beeile dich, Franz! ... Die Kerzen sind fast aus!"

Letztendlich konnte er es nicht mehr aushalten. Er sprang von seinem Stuhl auf und rannte aus dem Zimmer um Zuflucht in dem Stall mit seinem

Lieblingspferd zu suchen.

Er wünschte sich das Pferd zu satteln und in die Nacht auf nimmer wiedersehen fortzureiten. Aber er wusste genau, dass er das nicht konnte. So lehnte er sich gegen die rauen Holzbalken im Stall, streichelte den Hals des Pferdes und ließ den Tränen freien Lauf.

Er sah völlig verstört aus, aber es war ihm klar, dass er hart darum kämpfen musste seine Emotionen unter Kontrolle zu bringen. Dann hatte er es endlich geschafft und legte seine Stirn an die des Pferdes, blieb so eine Zeitlang stehen und dachte tiefgründig darüber nach, was er tun sollte.

Ein wenig später endete das Knarren eines Scharniers hinter ihm seine Überlegungen. Er drehte sich langsam um und versuchte so viel Würde wie möglich aufzubringen.

Denn nun stand sein Vater vor ihm. *Hat er mich weinen gehört?* fragte sich Franz. Er hoffte, dass die Rötung aus seinen Augen verschwunden war. Da kam ihm der Gedanke, dass sein Vater absichtlich einige Zeit gewartet hatte, um ihn mit seinem hemmungslosen Schluchzen nicht in Verlegenheit zu bringen.

Dieser Gedanke schien seine Gefühle wieder aufzurühren aber sie vergrößerte seine Liebe zu seinem Vater umso mehr.

In Wahrheit war Johann unmittelbar seinem Sohn gefolgt und sah Franz in den Stall gehen. Draußen hörte er das Schluchzen seines Sohnes wartete aber noch eine gewisse Zeit bis es nachgelassen hatte.

Aber er ließ Franz nicht wissen, dass er es gehört hatte.

„Ich dachte, ich würde dich hier finden, mein Sohn," sagte Johann, „mit ihm." Er bewegte sich nach vorne und streichelte die Mähne des Pferdes. Dann umarmte er Franz äußerst fest.

Franz' Tränen flossen wieder, aber dieses Mal drückten sie die reine Liebe zu seinem Vater aus und jetzt schämte er sich auch nicht mehr und er wurde auch nicht verlegen.

VI

Schon als kleiner Junge war Franz von Schlössern fasziniert. Aber als heute das Schloss Wartenberg in Sichtweite kam, verursachte es nur Groll und Kummer.

Als Franz auf das Schloss starrte beobachtete ihn Karoline mit einem traurigem Blick. Er was sich ihres Blickes bewusst, doch er wusste auch, dass wenn er sie nun anschauen würde seine Tränen nicht weit wären.

Nach seinem Weinen in den Ställen in der Nacht zuvor hatte er beschlossen, sein Schicksal wie ein Mann zu akzeptieren - was er natürlich mit gerade mal 14 Jahren noch nicht war.

Karoline war wie eine Tochter zu den Kaschkes und wurde auf die kurze Kutschfahrt in die Nachbarstadt Wartenberg, wo das Schloss von Graf Hartig stand, eingeladen.

Die Kaschkes waren zum Grafen bestellt, wo auch zwei wichtige religiöse Männer anwesend waren. Zum einen der lokale Bischof und zum anderen ein Vertreter von Abt Karl Alexander vom Stift Melk.

Franz Schwester Anna war auch vorgeladen um an der Besprechung teilzunehmen und so waren es nur Karl und Karoline die draußen bleiben mussten um sich um die Pferde und die Kutsche zu kümmern.

Im Empfangsaal sagte Graf Hartig nur sehr wenig und überließ, nach kurzer Begrüßung, dem Bischof das Wort, welcher ohne Umschweife darlegte, dass Franz an das hochgeschätzte Seminar vom Stift Melk geschickt werde um dort zum Priester ausgebildet zu werden.

Franz hörte in angespannter Benommenheit die letzten Worte des Bischofs:

„Nach Abschluss des Studiums im Priesterseminar, Franz Kaschke aus Hennersdorf, wirst du in dein Dorf zurückkehren um dort als Pater zu walten bis der Herr, unser Gott, dich an seine Seite im Paradies rufen wird.

Und du Anna Kaschke aus Hennersdorf sollst deinem Bruder Franz als gottergebene Magd bis zu seinem Tode dienen.

Es wird euch beiden nicht gestattet jemals zu heiraten oder Kinder zu haben.

Dieses Dekret wird durch Graf Hartig rechtskräftig und mit dem Siegel von Kaiser Franz Joseph I. von Österreich versehen."

Was Anna sich aus dieser Verordnung machte war unmöglich zu sagen, denn sie starrte einfach am Bischof vorbei ins Leere, ihr Gesichtsausdruck enthüllte nichts.

Natürlich war dem Befehl des Kaisers nichts zu Widersetzen, man musste sich damit abfinden und es als eine wunderbare Gelegenheit für Franz und als einen großen Glücksfall für die Familie Kaschke im Allgemeinen ansehen.

In diesem Sinne dankte Johann Kaschke zum Abschied dem Bischof und dem Grafen für deren Gunst und Großzügigkeit.

Franz und Anna gelang es eine falsche Begeisterung vorzutäuschen bis sie außerhalb der Burgmauern waren.

Trotz des üblen Schicksals hatten sie sich entschieden, ihre emotionale, innere Aufruhr zu unterdrücken.

Nur Karoline weinte als ob es das Ende der Welt bedeute, als Rosalia ihr erklärte was im Inneren der Burg geschehen war.

Ihre überzeugende Traurigkeit war herzzerreißend. Sie wusste, dass sie nicht nur ihren Schatz Franz an die katholische Kirche verlieren würde, sondern auch ihre liebste Freundin Anna würde nie erleben dürfen was sie sich am meisten ersehnten - die Liebe eines Mannes und die Freude an den eigenen Kindern.

Obwohl beide, Franz und Anna, versuchten sie zu beruhigen, war Karoline während der gesamten Heimreise nach Hennersdorf untröstlich.

VII

Die kleine Skulptur glänzte wunderschön in der Morgensonne. Das warme Licht das durch das Fenster schien war wie flüssiges Gold das die Figur der Mutter Maria, welche den gekreuzigten Jesus in ihrem Schoß wiegte, hervorhob.

Karoline hatte die Statue absichtlich in der Nähe des Fensters platziert, damit Franz sie sofort wenn er den Raum betrat sehen würde.

Hinter der goldenen Figur auf der Fensterbank war eine Blumenvase. Als Karoline sich vorbeugte um den süßen Duft der Blüten zu riechen, liefen dicke Träne über ihre Wangen.

Auch ich, dachte sie und berührte dabei sanft mehrere Blütenblätter, *kann nicht ohne Sonnenschein blühen. Und ich kann auch nicht ohne Franz' Liebe leben.*

Der Raum war mit Wärme und Licht gefüllt, aber Karoline konnte nichts als Kälte und Finsternis spüren.

Als sie Franz auf dem Flur kommen hörte, zog sie sich vom Fenster zurück und sammelte ihre Gefühle. Als Franz in der Tür erschien konnte sie sogar ein gekünsteltes Lächeln aufbringen. Er stürzte nach vorne um sie fest zu umarmen. In Stille hielten sie sich einander für einige Minuten mit geschlossenen Augen fest.

Wenn Liebe ein strahlendes Licht für die Seele ist, dachte Karoline, *dann ist verlorene Liebe die völlige Dunkelheit des Herzen.*

Vielleicht hatte Franz ihre Gedanken gelesen, denn was er sagte, erschreckte sie: „Meine Seele ist in der Dunkelheit verloren und kann nicht auch nur den kleinsten Hoffnungsschimmer sehen von dem was unsere leuchtende Zukunft hätte sein sollen."

Karoline hielt ihn noch fester und spürte seine Verzweiflung die sich wie ein Zittern anfühlte.

„Wir können unser Schicksal nicht bestimmen", sagte er. „Aber wir können entscheiden was wir mit den vorgegebenen Verhängnissen tun. Ich werde in das Priesterseminar gehen weil dies meine Pflicht ist. Ich werde ein Priester *werden*, aber ich werde kein Priester *sein*. Sie können mir befehlen etwas zu tun was ich sonst nicht tun würde, aber sie können mir nicht befehlen jemand zu sein, der ich nicht sein möchte."

Franz hörte auf zu philosophieren und öffnete schließlich seine Augen. Das erste was er sah war die gold glitzernde Mutter Maria Figur auf dem Fenstersims, hinter Karoline.

„Mutter Maria", sagte er, noch immer Karoline umarmend und mit seinem Kinn auf ihrer Schulter. „Die Liebe zu Dir erfüllt mein Herz. Du bist meine kraftspendende Erleuchtung die mich aus der Dunkelheit führen und Gewähr leisten wird, dass ich mein Schicksal erfüllen werde um ein Priester zu werden. Dein eigener Sohn, dessen gekreuzigten Körper du in deinen Armen wiegst, hatte ein Schicksal das er auch nicht bestimmen konnte. So bitte ich dich zu verstehen, dass ich nicht nur dir Treu sein kann, sondern auch mir selbst Treu sein muss."

Er befreite sich sanft von Karolines heftiger Umarmung und streichelte liebevoll die Mutter Maria Figur.

„Sie ist mein Abschiedsgeschenk für dich, Franz", sagte Karoline. „Denk an mich, wenn immer du sie anschaust."

„Sie ist wunderschön", sagte Franz. „Ich will sie mit in's Stift Melk und in das Seminar von St. Pölten nehmen, sie wird für immer meine geliebte Begleiterin sein."

Karoline schaute in seine feuchten Augen und lächelte durch ihre eigenen Tränen: „Vielleicht, bis die verlorene Seele das Licht findet, wird die Mutter Maria Statue dir helfen die Dunkelheit in deinem Herzen auszuhalten. Denke daran, das Licht zeigt dir den Weg, aber die Dunkelheit zeigt dir die Sterne."

VIII

Es gab keine Sterne am düsteren Himmel über Stift Melk, als Franz sich ihm in der Abenddämmerung an einem bitterkalten Tag im Herbst 1876, nach einem langen Tagesritt von Linz, näherte.

Der prächtige Barockbau ragte hoch über der Donau, wie eine mythische Festung, im Nebel dahinter verhüllt, die Voralpen. Fast hätte er erwartet Ritter in glänzenden Rüstungen von den Toren aus zu sehen.

Als kleiner Junge hatte Franz zum ersten Mal

von Stift Melk gehört, nämlich in der epischen mythologischen Erzählung der Nibelungensage über die germanischen Helden Siegfried der Drachentöter und dessen Frau Kriemhild, die seinen Mord rächte.

Seitdem hatte er immer die legendäre Abtei besuchen wollen - aber nicht auf diese Weise, auf einem Gewaltmarsch zum Priestertum. Trotz seines tiefen Grolls wegen dem Verlust seiner Freiheit, betrachtete er das Stift Melk in Ehrfurcht.

Er trat in das Kloster durch den östlichen Torbogen, unter dem Melker Kreuz, ein. Er hielt inne und blickte zu der Inschrift: *„ABSIT GLORIARI NISI IN CRUCE" (Ich soll nur das Kreuz rühmen)*.

„Das ist nicht die Art und Weise wie die heiligen Ritter und Könige der Christenheit es sahen", sagte er laut vor sich hin. „Karl der Große würde darüber gelacht haben, während er sein mächtiges Schwert ,Joyeuse' zum Trotz schwenkte."

Auf beiden Seiten des Kreuzes waren Statuen der Schutzheiligen von Stift Melk, Peter und Paul, angebracht.

Hier haben wir gleich zwei Schutzheilige die uns spirituell leiten. Vielleicht gibt es für mich doch noch einen Hoffnungsschimmer, dachte er.

Hinter dem Torbogen, zog er durch den Prälatenhof, und drehte sich nochmals um, um die schönen architektonischen Eigenschaften zu betrachten nach denen er sich so Lange gesehnt hatte.

An dem dortigen Brunnen machte er eine kleine Bewunderungspause, denn er wusste, dass dieser zu Beginn des Jahrhunderts nach Melk gebracht wurde.

Vier kleine Fresken umgaben den Brunnen auf den vier Seiten. Die Eine, die ihm am nächsten war, bedeutete Weisheit und zeigte einen Mann der sich selbst im Spiegel betrachtet. Franz wusste, dass die Botschaft *,Erkenne dich selbst'* bedeutet - der erste Schritt zur Weisheit.

Franz überkam ein leidenschaftlicher Wunsch, herauszufinden, wer er denn selber war. *Werde ich an diesem Ort lernen, mich selbst zu erkennen,* dachte er und bestaunte das prächtige Bauwerk vor ihm. *Werde ich der Mensch sein, der den Anforderungen meines Schicksals standhält? Oder bin ich doch vielleicht jemand ganz anderes?*

Was er auf Stift Melk unter dem Einfluss der Benediktiner-Mönche nicht lernen wird ist, dass man selbst die einzige Person ist die bestimmen kann was aus einem wird.

Erst viel später in seinem Leben, weit weg von den Klostermauern von Stift Melk, wird er erfahren, dass dies die unerbittliche und fundamentale Wahrheit ist.

†

Sobald die Benediktiner vom Kloster Melk meinten, Franz die Grundlagen des Mönchtums gelehrt zu haben, wurde er nach St. Pölten in's Seminar geschickt, um dort das Priesteramt zu studieren.

Die St. Pöltener Umgebung inspirierte ihn und gab

ihm die Möglichkeit mehr über Theologie, Latein, Philosophie und Kunst zu erfahren. Getreu seiner Wurzeln auf seiner Eltern Pferdegestüt wurde Franz eine der besten Reiter in der Schule.

Schon bald überraschte er auch seine Mitschüler mit seinen ausgezeichneten Gesangskünsten und seinem Talent Lieder zu schreiben.

Er verfasste seine eigenen Texte zu Melodien von tschechisch / deutschen Volksliedern sowie ein paar schöne Schlaflieder, ein Kanon Lied, und eine Reihe von liturgischen Gesängen.

Doch eines der größten kreativen Talente von Franz war seine aussagekräftige Malerei, die zu seiner Lieblingsbeschäftigung wurde. Eines seiner Werke, zeigt die Gottesmutter Maria, von der Sonne bestrahlt, beim Lesen der Bibel in einem Wald, es hängt noch heute in einer Galerie im Stift Melk.

Ein strenges Geheimnis, das Franz niemals preisgab, ist, dass das Gesicht der Heiligen Mutter in dem Gemälde, das seiner geliebten Karoline Harmann ist.

Ein österreichischer Zeitgenosse von Franz würde in dem vereinten Antlitz der Mutter Maria und Karoline eine tiefe psychologische Bedeutung erkennen.

Obwohl er zu dieser Zeit noch nicht der berühmte Neurologe und Vater der Psychoanalyse, Sigmund Freud war, wäre er von dem fusionierten Bild der beiden großen Lieben in Franz' Leben fasziniert gewesen.

Freuds spätere Formulierung des Ödipuskomplexes

und seine Theorien der Einflussnahme auf die Libido und das erotische Begehren wäre für Franz, in seinem Bestreben sich selbst zu finden, eine enorme Hilfe gewesen.

IX

Das einzige, was Franz über sich selbst genau wusste, als er schließlich das Seminar von St Pölten im Jahr 1888 verließ, war, dass er ein ordinierter Priester und Mönch, also ‚Pater', ein Ordensbruder des Stifts Melk war. Als solches hatte sich sein Schicksal als zweitgeborener Sohn der Kaschkes erfüllt. Seine andere Prädestination, ein gestandner Mann zu werden, hatte jedoch gerade erst begonnen.

Als er wieder in seinen Heimatort Hennersdorf zurückkehrte, um sein Amt als Pfarrer anzutreten, war er 26 Jahre alt.

Ein Kranz aus bunten Blumen, der über der Eingangstür hing, bildete die Worte ‚*Willkommen Zuhause*', und begrüßten ihn, als er an dem bescheidenen Pfarrhaus, neben der Kirche, ankam.

Seine jüngere Schwester Anna, der auferlegt worden war, mit ihm zu leben und ihm, dem Pfarrer, bis zu seinem Tod zu dienen, öffnete die Tür, bevor er eine Chance hatte es selbst zu tun. Sie warf ihre Arme um ihn und schluchzte vor Freude.

„Kann es wirklich nur 12 Jahre her sein, dass du uns verlassen hast?" schluchzte sie. „Es scheint wie ein Leben lang."

„Meine schöne Schwester Anna", sagte Franz, sie eng umarmend, „ich bin überglücklich, dich endlich wiederzusehen!"

„Komm rein, komm rein", drängte Anna.

Als er eintrat deutete Franz auf den Kranz an der Tür und sagte: „Ich hatte keine Ahnung, dass meine kleine Schwester ein solches Talent mit Blumen hat."

Annas feuchte Augen leuchteten vor Freude: „Oh, das ist nicht mein Werk, lieber Bruder", sagte sie.

„Willkommen, mein Liebling Franz", sagte Karoline, mit zitternder Stimme, trotz ihrer Bemühungen es zu verbergen.

Franz schien wie erstarrt. Er hatte sich nach diesem Tag seit 12 Jahren gesehnt und jetzt, da er gekommen war konnte er nur an die Tragödie von all den verlorenen Jahre die er und Karoline hätten zusammen sein können, denken.

Sie jetzt zu sehen überwältigte ihn mit einer widersprüchlichen Verschmelzung aus intensiver Freude und inbrünstigem Leid, es fühlte sich an als wären seine Sinne wie lahmgelegt. Alles was er Zustande brachte war, sie anzuhimmeln und mehrmals ihren Namen, fast unhörbar, zu murmeln.

Karoline litt nicht unter solch einer emotionalen Trägheit und stürzte sich auf ihn, warf ihre Arme um ihn und küsste ihn leidenschaftlich auf den Mund.

Franz' spontane Reaktion war Schock und Verwirrung, aber seine natürlichen Instinkte setzten schnell ein und er erwiderte den Kuss mit der gleichen Leidenschaft, sowie einem hohen Maß an priesterlicher Unruhe, von welcher Karoline in keinster Weise beunruhigt wurde.

Seine Unruhe verwandelte sich in Verlegenheit, als er befürchtete, dass Anna mit im Zimmer war, aber als er sich aus Karolines Umarmung löste, war sie schon gegangen.

„Anna ist einfühlsam", sagte Karoline.

Das mag wohl so sein, aber von den Runzeln auf Franz' Stirn war zu erkennen, dass er sich selbst nicht verstand. Der emotionale Nervenkitzel der durch seinen Körper floss, drohte in diesem Moment seine religiöse Erziehung und die spirituelle Schulung der letzten 12 Jahren auszulöschen. Nichts was er in all der Zeit gelernt hatte, hatte ihn darauf vorbereitet wie man mit diesen, sehr tiefen menschlichen Gefühlen umgehen kann.

Das Höchste was er nun gedanklich zu Stande bringen konnte, war eine lahme Erinnerung daran, dass er jetzt ein katholischer Mönch und Priester war. Ihm kam der Gedanke, dass alles was er wusste auf religiöser Theorie basierte die nichts mit dem realen Leben dieser Welt zu tun hatte.

Für Karoline verdeutlichte die Erwiderung des leidenschaftlichen Kusses alles was sie wissen wollte.

X

Später am selben Abend versammelten sich, zum

ersten Mal in 12 Jahren, alle Familienmitglieder der Kaschkes um den Tisch.

Für Franz' Mutter, Rosalia war die Aufregung des Anlasses fast nicht mehr zu ertragen. Die erste halbe Stunde konnte sie Franz nicht ansehen ohne in Tränen auszubrechen.

Als sie dann endlich ihre Fassung wiedergewonnen hatte und mit ihm sprechen konnte ohne gleich zusammenzubrechen, waren ihre Gedanken nur auf Franz' Gefühle ausgerichtet, nicht die ihren: „Bist du glücklich als ein Mann Gottes, mein Liebling?"

„Das höchste Ziel, Mutter", sagte Franz, „das ein Mann auf der Erde erreichen kann, ist Gott zu dienen. Von Ihm auserwählt zu sein ist das höchste Gut."

Das bedeutet ein klares ‚Nein', dachte sein Bruder Karl und entschied sich den Blickkontakt mit Franz zu meiden.

Die Antwort schien Rosalia zu erfüllen und ihr an Franz gerichtetes Lächeln zeugte von ihrer bedingungslosen Liebe die sein Herz berührte.

„Wahres Glück ist wieder zu Hause bei meiner Familie zu sein", sagte er und unterdrückte ein zittern in seiner Stimme.

„Wir werden am Sonntag sehr stolz auf dich sein, wenn du zum ersten Mal hier in Hennersdorf die heilige Messen feierst", sagte sein Vater Johann. „Das wird uns allen eine große Freude bereiten."

†

Früh am nächsten Morgen ging Franz alleine in die Kirche. Er schloss und verriegelte die Tür hinter sich, das Geräusch hallte in dem stillen, leeren Raum. Das fahle Licht von außen im Norden und Süden war kaum stark genug, um die tief eingeschnittenen Bleiglasfenster entlang der Länge der Kirche zu durchdringen, ihre Umrisse waren in dem Morgengrauen kaum auszumachen.

Als er im Mittelgang zum Altar schritt fielen die Strahlen der aufgehenden Sonne vom Osten durch die bunten Glasscheiben. Sie warfen einen weichen, warmen Farbton auf die Kanzel und diese forderte seine Aufmerksamkeit. Er starrte mit leerem Blick auf sie, ohne zu wissen, warum. Augenblicke später verstand er weshalb.

„Meine Predigt!" rief er und zerbrach die Stille.

Es fiel ihm ein, dass seine erste Sonntagsmesse hier in dieser Kirche, die nun seine Kirche war, schon in vier Tage sein wird und er hatte seine Predigt noch nicht vorbereitet. In all der Aufregung und den gemischten Gefühlen der Rückkehr nach Hennersdorf, war es ihm einfach entschlüpft.

„Wie konnte ich dies nur vergessen!?", tadelte er sich laut. „Meine erste Messe als neuer Priester - die Predigt ist von entscheidender Bedeutung. Es ist das, was die Gemeinde am meisten hören will ... es wird mich in deren Augen definieren. Das bin ich, Pater Franz, euer neuer Stellvertreter Gottes, der zu euch in Seinem Namen sprechen wird."

In diesem Moment traf ihn die Realität seiner Berufung so hart, dass seine Beine nachgaben. Er streckte eine Hand aus und ergriff einen Teil der Kanzel, um sich zu beruhigen.

Seine eigene Aussage vor ein paar Sekunden, hallte in seinem Kopf: *Das bin ich, Pater Franz...*

Dieser Gedanke war seine erste Konfrontation als er als 14-jähriger in Melk ankam, nun kam er kraftvoll zurück: *Erkenne dich selbst.*

Wer bin ich? Wer ist dieser Pater Franz der zu den Gläubigen in Hennersdorf jeden Sonntag von dieser Kanzel predigen wird?

Er stieg die Stufen zur kleinen Plattform empor und warf einen Blick auf die leeren Bänke und stellte sich vor, dass sie vollbesetzt von der Kirchengemeinde wären. Es überkamen ihn plötzlich Zweifel ob er die Eignung hatte ein Priester zu sein.

Instinktiv dachte er an seine Zeit im Seminar von St Pölten und was er über die Rolle und Bedeutung des Priestertums gelernt hatte:

„Das Wichtigste", hatten die Lehrer ihnen eingetrommelt, „ist nicht, was ihr von nun an tut, sondern wer ihr von nun an seid. Wenn ihr einmal das Sakrament der Priesterweihe empfangen habt verändert sich, mit diesem besonderen Segen Gottes, euer Inneres. Ihr seid eine andere Person als die, welche ihr vor der Weihe ward.

„Ihr handelt nun in der Lebenskraft Christi und nicht in eurer eigenen Hingabe. Dies ist eine besondere Gnade des Heiligen Geistes und kann als Gottes Segen beschrieben werden, welcher Energie und Weisheit schenkt. Im tiefsten Inneren erstellt die Ordination einen neuen Mann.

„Um die Worte unseres Schutzheiligen Paul zu verwenden, ihr seid nun ein Mann, welcher, wenn er seine Berufung treu lebt, sagen kann: „Es bin nicht mehr ich der lebt, sondern Christus lebt in mir. Ihr seid nicht verändert wegen dem was ihr nun tun könnt, sondern verwandelt wegen dem was ihr geworden seid.

„Und wenn ihr in Zukunft Zweifeln zum Opfer fallen solltet, dann erinnert euch daran, dass Gott euch zum Priestertum erwählte und ihr könnt darauf vertrauen, dass Er wusste, was Er tat."

†

In der Kirche, welche der Mutter Maria geweiht war, wandte sich Franz nun an sie um für seine erste Predigt eine Eingebung zu finden.

Er stieg von der Kanzel herab und kniete vor ihrer Statue neben dem Altar nieder. Er bat sie um ein Zeichen, das für seine erste Predigt, als neuer Pfarrer von Hennersdorf, richtungweisend war und ihn als neuen geistlichen Ratgeber im Dorf etablieren würde.

Er wartete eine lange Zeit, den Kopf gesenkt, um seine Gedanken den Vorschlägen der Mutter Maria zu öffnen, aber keiner kam.

Schließlich, seine Gedanken immer noch ohne Eingebung, blickte er zum Gesicht der seligen Jungfrau hoch und sie schien direkt herunter in seines zu schauen.

Er wollte sie gerade noch einmal fragen, als die

Antwort unverhofft wie eine Vision der heiligen Mutter selbst erschien.

XI

Am Sonntag gab es in der Hennersdorfer Kirche nur noch Stehplätze, jeder wollte die erste Predigt von Pater Franz hören. Die Kaschkes und die Harmanns besetzten die vorderen Bankreihen auf beiden Seiten des Ganges. Rosalia Kaschke war so stolz, dass ihr geschwollenes Herz das Atmen erschwerte.

„Ich habe die Kirche an einem normalen Sonntag noch nie so vollgepackt gesehen", sagte Marie Harmann. „Sie ist in der Regel halb leer."

„Sie wollen alle nur Franz sehen," sagte ihre Tochter Karoline.

„Sie sind einfach nur neugierig ihn in seiner schmucken Priesterkutte zu sehen," erklärt Karl Kaschke schelmisch. „Nächsten Sonntag wird die Kirche wieder halb leer sein. Oder wahrscheinlich sogar völlig leer, außer dir, Anna und unseren Eltern natürlich."

Karl saß zwischen den beiden Frauen, die blickten ihn finster an, sagten aber nichts. Als er fröhlich lachte, schlug Karoline ihm auf den Arm. Im Gegenzug stieß Karl sie mit der Schulter.

In diesem Augenblick erschien Pater Franz und nahm seinen Posten hinter dem Altar ein. Er sah die Auseinandersetzung ließ aber nichts vermerken. Stattdessen streckte er die Hände als

Geste des Willkommens an die Gläubigen aus und lächelte seiner Mutter Rosalia zu. Natürlich füllten Freudentränen ihre Augen und sie musste nach einem Taschentuch reichen. Mit einem Zeichen des Kreuzes segnete Franz die ganze Gemeinde und fuhr fort die Messe zu lesen.

Während der letzten Lesung der Liturgie aus dem alten Testament, waren Franz' Gedanken ganz auf seine bevorstehende Predigt gerichtet. Als er vor einigen Tagen vor der Statue der Mutter Maria kniete hatte er eine Art von Offenbarung für ein geeignetes Thema erlebt.

Später am selben Abend schien die Offenbarung mehr wie ein kleines Wunder. Er war selbst erstaunt, dass der Sonntag seiner ersten Messe nicht besser für diese Predigt hätte gewählt werden können. Und die Predigt, welche er geschrieben hatte, lag ihm am Herzen.

Er kannte die Predigt auswendig und als er auf der Kanzel stand fühlte er sich entspannt und zuversichtlich.

„Geliebte Gemeinde", begann er, „ich würde es einen wunderbaren Zufall nennen, wenn die Tatsache keine Beleidigung des Herrn, des Allmächtigen wäre, der mich mit dem, was ich als ein kleines Wunder bezeichne, gesegnet hat. Ich stehe hier vor Gott in unserer schönen Kirche welche der Jungfrau Maria gewidmet ist und bin überglücklich, dass ich heute anlässlich meiner ersten Masse als ihr neuer Pfarrer, den Tag der Geburt der seligen Jungfrau Maria mit Ihnen feiere. Ja, heute ist der Geburtstag unserer

Heiligen Mutter. Gepriesen sei der Herr."

Ein Murmeln der freudigen Überraschung lief durch große Teile der Gemeinde, obwohl die frömmeren unter den Gläubigen so taten als ob sie in ihrem religiösen Wissen überlegen wären und nickten nur zurückhaltend.

„Wenn Sie, wie ich," fuhr Franz fort, „eine tiefe Liebe und Verehrung für die Mutter Maria in Ihrem Herzen tragen, dann ist dies ein Tag der großen Freude und des Feierns.

„Warum lieben und verehren wir die Heilige Mutter so sehr? Dafür gibt es viele Gründe. Sie ist seit der wundersamen Geburt ihres Sohnes unseres Retters für ihr heiliges Mitgefühl und ihre Reinheit geliebt worden.

„Zunächst einmal ist sie eine Mutter. Es gibt keine höhere Berufung, keine größere Verpflichtung, keinen edleren Zweck als die Mutterschaft. Wir alle lieben und verehren unsere eigenen Mütter, aber die heilige Jungfrau ist die Mutter Gottes. Wie kann es sein, dass wir Sterblichen eine so große Liebe fühlen, die tief genug ist, um der Mutter Gottes würdig zu sein?"

Franz senkte den Kopf und hielt seine Hände an die Stirn, als ob er nachdenklich die Sinnlosigkeit einer solch unmöglichen Aufgabe erkenne. Als er endlich den Kopf wieder hob zeigte er rasch und zufällig auf Christen von der einen Seite der Kirche zur anderen.

„Wir dürfen sie lieben, denn wie jede und jeder von Ihnen ist die Mutter Maria ein Mensch. Sie ist weder übernatürlich, noch göttlich, sie ist auch nicht, wie ihr Sohn Jesus Christus, sowohl menschlich als auch göttlich. Sie ist eine von uns. Sie ist wie wir, nur Fleisch und Blut.

„Sie verdient unsere tiefe Liebe nicht nur für ihre Hingabe und ihre Keuschheit, sondern auch für ihren menschlichen Mut, ihre Opferbereitschaft und ihre ertragenen Schmerzen, erlitten in ihrer Rolle auf Erden in Gottes Plan für die Erlösung der Menschheit. Wir lieben sie, weil sie die Geisel eines Schicksals war welches sie sich nicht selbst ausgesucht hatte. In gewisser Weise war es ein schreckliches Schicksal, in dem ihr aufgezwungen war, das Undenkbare für eine Mutter zu ertragen - ihren eigenen Sohn am Kreuz kläglich sterben zu sehen."

„Maria wird von uns geliebt, denn sie ist das unmissverständliche Vorbild für eine vollkommene Hingabe an Gott. Denn, auch wenn sie keine andere Wahl hatte, gab sie ihren leiblichen Körper treu dem allmächtigen Vater um in ihr den Samen der gesegneten Frucht ihres Leibes zu säen, des göttlichen Erlösers, Jesus Christus, Gottes Sohn."

Franz sprach eine Zeitlang über die biblische Geschichte von Maria und Josef aus den heiligen Schriften und über die Geburt ihres Sohnes Jesus in einer Krippe in Bethlehem.

Er erinnerte die Anwesenden wie alles begann, als der Erzengel Gabriel sie mit den Worten begrüßte: ‚Freue dich, o Erhabene, der Herr ist mit dir! Du bist gesegnet unter den Frauen!'

Zum Ende seiner Predigt, sagte er den Gläubigen, dass es außer der tiefen und religiösen Gründe die gesegnete Maria zu lieben auch eine einfache, menschliche Besinnung gab.

„Wenn wir für einen Moment vergessen", sagte er, „dass Maria die Mutter Gottes ist, und uns daran erinnern, dass sie vor allem eines ist, eine Mutter. Deshalb verehren wir sie. Deshalb hat sie unsere Liebe verdient.

„Erinnern wir uns an die Worte des Heiligen Gregor von Nyssa: ‚Was in dem Körper Marias geschah wird in der Seele eines jeden geschehen, der das Wort Gottes erhört.'

„Es gibt keinen besseren Weg, um das Wort Gottes zu empfangen als Mutter Maria zu lieben und zu verehren.

„Lasset uns beten:

„Gegrüßet seist du, Maria, voll der Gnade, der Herr ist mit dir. Du bist gebenedeit unter den Frauen, und gebenedeit ist die Frucht deines Leibes, Jesus. Heilige Maria, Mutter Gottes, bitte für uns Sünder jetzt und in der Stunde unseres Todes. Amen."

XII

Wie Gott selbst, so schwieg auch die Kirche in Hennersdorf am Sonntag von Franz' zweiter Messe.

Die wenigen Gemeindemitglieder welche die Bänke besetzen bestanden zum größten Teil aus den

Verwandten und Freunden des neuen Priesters, sowie einiger fromm Gläubiger, die selbst dann anwesend wären, wenn der Dorftrottel die Messe lesen würde.

Für die Mehrheit der Dorfbewohner war die Neugier auf Franz am Sonntag zuvor erfüllt worden. An diesem Sabbatmorgen hatten sie offenbar dringlichere Dinge zu tun.

Trotz seiner grossen Enttäuschung über die geringe Teilnahme, zelebrierte Franz die Messe genau so, wie er es tun würde, wenn die Kirche voll wäre. Die Größe seiner anwesenden Gemeinde war irrelevant - selbst wenn nur ein einziger Gläubiger aufgetaucht wäre hätte er die Messen gelesen. Für ihn als Pfarrer war es eine Berufung, eine Verantwortung, die er zu erfüllen hatte und die er mit dem erforderlichen Engagement und Frömmigkeit ausführen musste.

Obwohl er zum Priestertum und den religiösen Pflichten die damit verbunden waren, erzogen wurde, folgte er dem Vorbild des Apostel Paulus, des Schutzheiligen von St. Pölten, nicht ganz.

Anders als der eifrige Missionar, Paulus von Tarsus, hatte Franz nicht die unbedingte Notwendigkeit das Wort Gottes unter den Gläubigen zu verbreiten oder selbst die Ungläubigen zu konvertieren. Er sah es nicht als seine Aufgabe, die Zahl der Gläubigen in Hennersdorf zu erhöhen, sondern einfach für die Herde die ihm gegeben wurde zu sorgen. Und er hatte sicherlich auch keine Lust, Paul auf der Straße nach Damaskus und dessen Martyrium zu folgen.

Aber gewisse Aspekte des Priestertums begeisterten und inspirierten ihn. Es befähigte ihn zudem die Liebe und Hingabe an die Mutter Maria zu fördern und Priester zu sein hatte eine weitere große Bedeutung für Franz.

Im Priesterseminar hatte er entdeckt, dass er eine Leidenschaft für das halten von Predigten hatte. Er bevorzugte sie ‚Botschaften' zu nennen - das Wort Botschaft beinhaltete weniger die Lehre mit Ermahnung, wie eine Strafpredigt. Selbst das Wort ‚belehren' bereitete ihm Unbehagen. Er wollte die Leuten nicht belehren was sie zu glauben hatten. Er zog es vor, seine Gedanken und Ideen mit denen seiner Kirchenmitglieder zu teilen und ihnen so eine Möglichkeit zu geben sich mit dem Heiligen Geist zu befassen.

In seinen Predigten wollte Franz nur einfach seine Überzeugungen und Sichtweisen auf das Leben im allgemeinen und die Religion im besonderen darlegen und nicht versuchen, trockene Lehren und Dogmen den Menschen aufzuhalsen die wenig Relevanz auf die Art und Weise wie sie als Christen, in der realen Welt, zu leben hatten.

Lange bevor er nach Hennersdorf zurückkehrte, um dort seinen Posten anzutreten, hatte Franz sich entschieden, dass der beste Beitrag, den er als Pfarrer machen konnte war, sicherzustellen, dass seine Predigten dem Glauben treu, ehrlich, interessant und anregend waren.

Am vorhergehenden Sonntagabend, im Anschluss an seine erste Messe, hatte er am Familienabendessen teilgenommen. Karoline war ebenfalls anwesend. Hier erläuterte er seine Leitgedanken wie eine

Predigt sein sollte.

„Wenn die heutige Predigt über die Gottesmutter Maria dafür ein Beispiel ist, dann kann ich nur zustimmen, mein Sohn", sagte sein Vater Johann. „Es war eine schöne Predigt."

„Sie hat uns gezeigt, Franz, dass du die reinste und tiefste Hingabe zur heiligen Jungfrau Maria, hast", sagte Rosalia. „Es gibt keine größere Liebe die ein Mann haben kann."

„Es gibt die göttliche Liebe zu Jesus und seiner hochheiligen Mutter", sagte Franz. „Aber es gibt auch die menschliche Liebe und weil wir nur Menschen sind, ist diese ebenso wichtig."

Er wollte eigentlich ‚noch wichtiger' sagen, aber er verzichtete darauf, denn er wollte seine fromme Mutter nicht verletzen oder gar beleidigen.

Ohnehin blickte sie ihn scharf an: „Wenn wir Gott und die Mutter Maria wirklich lieben", sagte sie, „dann müssen wir unsere Mitmenschen, die der Allmächtige nach seinem Ebenbild geschaffen hat, genauso lieben."

„Ja, es gibt die allumfassende Liebe für die Menschheit," stimmte Franz zu. „Aber es gibt auch noch eine höhere, intensivere, persönliche Liebe - wie meine Liebe zu dir, Mutter. Und die zu meiner ganzen Familie. „Auch Karl", fügte er mit einem breiten Grinsen hinzu.

Karl grinste zurück, aber es war ein spitzbübischer Blick: „Und natürlich gibt es da auch", sagte er mit kleiner Pause und einem Grinsen, „eine noch größere, mächtigere Liebe, Leidenschaft und Lust zwischen einem Mann und einer Frau."

Er sagte es mit einer subtilen Anspielung, die Anna und Karoline sofort verstanden. Sie tauschten verborgene Blicke aus, schauten dann flüchtig auf Franz der rote Ohren bekam und klammheimlich Karl verfluchte, der wiederum versuchte Karolines Blick zu erhaschen.

„Karl!" Rosalia schalt ihn wütend. „Das sagt man nicht vor einem Priester!"

„Er ist immer noch mein Bruder", sagte Karl. „Ich kann doch wohl ein Späßchen auf seine Kosten machen. Und außerdem wird er in den kommenden Jahren viel Schlimmeres als dies zu hören bekommen. Leute werden bei ihm beichten - stellt euch die Untaten vor die er sich im Beichtstuhl anhören muss! Nicht jeder in Hennersdorf ist so heilig wie wir Kaschkes und Harmanns."

„Das ist wahr, Rosalia", sagte Johann, sanft. „Ein Priester muss in der Lage sein den guten und den bösen Menschen zuzuhören."

„Vater hat recht, Mutter", sagte Franz. „Ich bin ein Priester, aber ich muss das Werk Gottes in der realen Welt tun und es ist nicht immer eine keusche und moralische. Intime Liebe zwischen einem Mann und einer Frau ist ein grundlegender Teil von Gottes Plan und ist ein täglicher Bestandteil des Lebens der Menschen. Auch in meiner Rolle als Priester kann ich dies nicht vermeiden."

Kaum waren die Worte aus seinem Mund, als er wünschte, er könnte seinen letzten Satz umformulieren. Aber es würde nur jedermanns

Aufmerksamkeit auf die unglückliche Doppeldeutigkeit aufmerksam machen. Korrigieren würde es nur noch schlimmer machen.

Zu seiner Erleichterung schien es, dass Rosalia keine Zweideutigkeit erkannte: „Nun, jetzt wo du ein Gottesdiener bist, ist diese Art der Liebe nicht mehr Teil Seiner Pläne für dich, Franz!"

Aus Respekt vor seiner Mutter, machte Karl keine weiteren Kommentare. Und Franz vermied den Blickkontakt mit Karoline, deren Augen er spüren konnte.

Jetzt, eine Woche später, als er die Kanzel betrat, blickte er auf seine Mutter Rosalia, die in der ersten Reihe mit geschlossenen Augen, tief im Gebet, saß. Er fragte sich, was sie von dem, was er nun predigen wollte, halten würde.

XIII

„Religion ist der ideale Dünger für das Unkraut der Heuchelei", begann Franz seine Predigt und schaute ernsten Gesichtes von der Kanzel herab.

Er versuchte, jemanden anderen als Karoline, ihre Eltern oder gar seine eigenen Angehörigen anzuschauen. Das war nicht einfach, denn es waren nur etwa ein duzend Gläubige in der Kirche und die saßen alle in den Kirchenbänken direkt hinter den Kaschkes und Harmanns die, wie immer, in der ersten Reihe thronten.

Alle starrten ihn verständnislos an, als ob sie sich,

in dem was er gesagt hatte, verhört hatten.

„In seinem Evangelium", fuhr er fort, „warnte Matthäus vor Heuchlern: *,Nehmt euch in Acht vor den falschen Propheten die in Schafskleidern zu euch kommen aber in Wirklichkeit reißende Wölfe sind.'* Matthäus sagt, dass Menschen, die den Herrn zwar mit den Lippen rühmen, aber deren Herzen ganz woanders sind, ihn vergebens ehren."

Da kam ein hörbarer Seufzer der Erleichterung aus der kleinen Gemeinde, die ursprünglich dachte Franz' Eröffnungsbemerkung wäre eine Gotteslästerung, als ob er Religion im Allgemeinen verleumden wolle. Allerdings merkte keiner, dass ihrer Erleichterung fehlgeleitet war. Genauer betrachtet ist klar, dass Franz' Bemerkung sich auf die Religion bezog, nicht auf die Heuchelei.

„Der Allmächtige hat keine Religion", sagte er. „Die Bibel lehrt uns, er ist einfach nur Gott, der nicht-konfessionelle göttliche Schöpfer. In der Tat, das Wort *,Religion'* wird in der Bibel nicht einmal erwähnt. Jesus sprach nie über Religion. Es ist ein Wort welches von der mittelalterlichen Kirche erdacht wurde und tut kund Gott mit Hingabe anzubeten.

„Es gibt viele andere Worte welche die Kirche sich ausgedacht hat, die aber nicht aus der heiligen Schrift stammen. *,Heiliger'* ist ein anderes Beispiel. In den Augen der Bibel ist jede und jeder von uns hier, an diesem Morgen, eine *,Heilige'* oder ein *,Heiliger'*. Die Bibel, das Wort Gottes, sagt ganz klar, dass alle Christen Heilige sind. Es ist ein Wort, das Jesus verwandt, um jeden, der seinen Lehren folgte, zu bezeichnen.

„Die heutige Bedeutung eines Heiligen, jemand der nach dem Tod durch den Papst Heilig gesprochen wird, ist eine Erfindung der katholischen Kirche. Sehr wenige von uns können danach streben ein Heiliger im Sinne des Wortes der Kirche zu sein. Ja, wir können alle Heilige, auf die Art und Weise wie Jesus es meinte, sein - als gläubige Christen, als ganz normale Menschen mit all unseren Stärken und Schwächen. Der Herr erwartet nicht, dass jeder von uns perfekt sein muss. Aber natürlich müssen wir versuchen uns zu bessern und nie zu vergessen, dass wir Menschen sind, nicht nur eine sterbliche Hülle.

„Also, wenn Sie mit gutem Gewissen sagen können ein Christ zu sein, halten Sie sich selbst für einer der Heiligen von Jesu Christus - es wird Sie ihm näher bringen und seiner Liebe für Sie intensiver spüren lassen."

In diesem Augenblick fühlte Franz die volle Inbrunst der Liebe seiner Mutter, sie warf ihm ein freudiges Lächeln zu. Aber in seinem Herzen bezweifelte er ob er dem weiterhin gerecht werden konnte.

„Augustinus sagte einmal: *,So wie die Liebe in dir wächst, so wächst auch die Schönheit. Denn die Liebe ist die Schönheit der Seele.'*

„Die Liebe ist ein großes, wunderbares und komplexes Rätsel und es wird das Thema meiner Predigten in den kommenden Wochen von dieser Kanzel, hier in der Kirche der Gottesmutter Maria sein. Es ist meine tiefe, demutsvolle Liebe zu Maria und ich hoffe, wie Augustinus sagt, dass sie meiner Seele Schönheit verleiht.

„Jeder muss unsere Mutter Maria lieben um von ihr geliebt zu werden - es schafft uns ein reines Herz und macht uns zu ergebenen Christen. Ihre Liebe hält die Hexe der Versuchung und den Wolf der Lust von uns fern."

Hiermit segnete Franz die Gemeinde, verließ die Kanzel und ging zum Altar. Natürlich hatte er keine Ahnung welche Reaktion sein letzter Kommentar unter manchen der Gemeindemitglieder, vor allem aber bei Karoline, Karl und Anna, die in der ersten Reihe saßen und die Franz ungläubig anstarrten, verursachte. Mehrere Leute blickten einander mit hochgezogenen Augenbrauen an und Rosalia Kaschke, tief im Gebet, hatte offenbar nicht gehört was ihr Sohn gesagt hatte.

XIV

Es schien als ob fast alle Einwohner von Hennersdorf daran interessiert waren mehr über die Hexe der Versuchung und den Wolf der Lust zu hören.

Denn am folgenden Sonntag war die Kirche wieder vollgepackt, so wie damals bei Franz' erster Messe. Er freute sich natürlich sehr, war aber dennoch von der unerwarteten hohen Präsenz mystifiziert.

In der Sakristei, als Anna ihm dabei half in seine Gewänder für die Messe zu schlüpfen, erwähnte er seine Überraschung und Verwirrung über die Größe der Gemeinde.

„Am vergangenen Sonntag hätte ich eine Herde von Vaters Pferden durch die Kirchenbänken jagen können ohne jemanden dabei zu verletzen. Aber heute könnte ich nicht mal einen seiner Hunde hier hereinlassen. Was ist nur passiert?"

Anna sah ihren Bruder mit großer Zuneigung, aber auch mit Sorge und Unbehagen, an.

„Ich denke es hängt damit zusammen was du in deiner letzten Predigt gesagt hast", sagte sie.

„Großartig!", sagte Franz. Und holte hastig seine handschriftliche Kopie der Predigt aus einer Schublade in seinem kleinen Schreibtisch. Er überflog schnell die Seiten, wissend, dass er in wenigen Minuten am Altar stehen musste.

„Hatte es etwas mit den Heiligen zu tun?", fragte er. „Das verwirrt die Menschen immer. Vielleicht waren sie sogar etwas schockiert. Wahrscheinlich sind sie deshalb - "

Anna unterbrach ihn, indem sie die Notizseiten aus seiner Hand nahm. Sie griff nach einen Bleistift vom Schreibtisch und unterstrich mit Nachdruck den letzten Satz der Predigt und reichte Franz die Seite zurück. Er las den unterstrichenen Satz laut vor: „Die Liebe hält die Hexe der Versuchung und den Wolf der Lust von uns fern."

„Ich glaube jeder ist begierig darauf mehr über die Hexe und den Wolf zu hören", sagte Anna. „Zumindest von der Versuchung und von der Lust sowieso."

Franz war für einen Moment verwirrt, dann entsetzt ... und schließlich erstaunt.

„Die Menschen strömen in die Kirche, weil dieser eine Satz in meiner Predigt vorgekommen ist - sicher nicht?"

„Nun, das Gemunkel ging während der Woche durch's ganze Dorf", sagte Anna.

„Unglaublich!", sagte Franz.

„Weißt du", sagte Anna. „Eigentlich glaube ich nicht, dass sie heute eine Predigt über Versuchung und Lust erwarten - ich glaube sie wollen einfach nur den Priester sehen der den Mut hat solch einen Satz in den Mut zu nehmen und ihn laut von der Kanzel auszusprechen und dies vor allem in Anwesenheit seiner frommen Mutter."

Franz ächzte. Er hatte ehrlich gesagt nicht weiter darüber nachgedacht. Für ihn waren die Worte nur eine Art und Weise um die Gefahren hervorzuheben welche die Reinheit des Herzens und die der christlichen Moral gefährden könnten.

Abgesehen von seiner Sorge möglicherweise seine Mutter Rosalia beleidigt zu haben freute er sich natürlich insgeheim über die Wirkung.

Anna erschrak als sie ihren Bruder fröhlich lachen hörte.

„Welche Macht Worte doch haben", sagte er. „Dies ist der Grund warum ich Predigen so sehr liebe."

„Was beabsichtigst du?", fragte sie ihn vorsichtig.

„Dass ich meine Gemeindemitglieder heute nicht enttäuschen darf", antwortete er, verließ die Sakristei und ging zum Altar.

†

Als die Zeit in der Messe gekommen war wo Franz seine Predigt geben musste konnte man eine erwartungsvolle Spannung in der Luft spüren, als ob die ganze Gemeinde die Luft anhalten würde.

Franz spürte wie die Ungeduld in der Kirche stieg, ließ es sich aber nicht anmerken und ging völlig unbefangen auf der Kanzel.

„Eine Kirche ist kein Krankenhaus für Sünder", begann er.

Franz hielt kurz inne und breitete theatralisch beide Arme weit auseinander, den gesamten Innenraum der Kirche umfassend.

„Dieser Ort ist ein Gotteshaus, nicht nur einfach ein Beichtstuhl. Sie müssen nicht in diese Kirche kommen, um von ihren Sünden geheilt zu werden, als ob sie eine Krankheit wären, sondern um Ihren Geist mit der göttlichen Güte des Allmächtigen zu füllen."

Er deutete auf die vielen Gemälde von Heiligen an den Wänden.

„Es ist auch kein Museum für Heilige. Diese Heiligenbilder sind hier um ihre Vorstellungskraft, was die Gesegneten heute bewirken könnten, zu stärken. Sie sind nicht nur als visuelle Relikte aus alten, irrelevant Zeiten anzusehen."

Dann tat Pater Franz, für einen Priester, mitten in der Predigt, etwas eher ungewöhnliches. Er griff nach unten und holte ein großes gefaltetes Tuch hervor, entrollte es und hängte es auf die Vorderseite der Kanzel. Es war ein altes Gemälde und zeigte den heiligen Augustinus in Lebensgröße.

Ein überraschtes Brummen hallte durch die Gemeinde welches sich schnell in Neugier wandelte. Die Menschen reckten die Hälse, um einen besseren Blick auf das Gemälde werfen zu können und sie murmelten.

„Ich merke, dass einige von euch diesen Mann richtig als den großen theologischen Vater der katholischen Kirche - Augustinus von Hippo, identifizieren."

Während der nächsten zehn Minuten bekundete Franz seine tiefe Bewunderung für Augustinus und erzählte seinen Gläubigen eine kurze Lebensgeschichte des Heiligen.

Letztendlich sagte er: „Ich werde meine Predigt mit dem Bekenntnis des heiligen Augustinus schließen *'Mein Leben war die Suche eines großen Sünders nach Wahrheit',* und trotzdem ist er ein großer Heiliger geworden.'

Es schien als ob die Predigt zu Ende war. Wieder einmal summte ein allgemeines Raunen durch die Gemeinde, nur dieses Mal mehr aus Enttäuschung als aus Neugier oder Überraschung.

Doch die Überraschung kam noch. Gerade, als er die Kanzel schon verlassen wollte, blieb Pater Franz kurz stehen und blickte hinab auf seine Interessenten, die immer noch unter sich murmelten.

„Am kommenden Sonntag werde ich über die größten Qualen und Herausforderungen des

Heiligen Augustus reden - sein zwanghaftes und unkontrollierbares sexuelles Verlangen."

Das Gemurmel verstummte sofort. Alle schienen den Atem anzuhalten als jedes Antlitz sich Franz zuwandte. Die Kirche war so still wie ein sündiger Gedanke.

Franz konnte fast hören was die Menschen dachten und schlug das Kreuzes mit einer flinken Handbewegung.

„Im Namen des Vaters, des Sohnes und des Heiligen Geistes. Amen."

XV

'Sterne, verhüllt euer Feuer - lasst euer Licht nicht meine inbrünstige Sehnsucht enthüllen.'

Karoline schloss das Notizheft auf ihrem Schoß und starrte, aus ihrem Schlafzimmerfenster, den glitzernden, nächtlichen Sternenhimmel an. Während ihrer letzten Schuljahre hatte sie fleißig Zitate von Wilhelm Shakespeare, wie dieses aus Macbeth, gesammelt. Sie hätte sich nie vorstellen können, diesen Satz jemals in Bezug auf ihre eigene Liebschaft auszusprechen.

Seitdem Franz nach Hennersdorf zurückgekehrt war, waren ihre Gedanken von Verlangen erhitzt und mit Schuldgefühlen geplagt worden. Die ersten brannten in ihrem Herzen und die anderen folterten ihre Seele. Es war unvermeidlich, dass das Triebhafte über das Spirituelle siegen würde und so erkannte sie die Realität, dass sie, ohne seine Liebe nicht leben konnte.

Ihr Kalkül, seine Liebe zu gewinnen, war recht einfach: mit Annas Hilfe, würde sie nach und nach ihre Besuche und die Aufenthaltsdauer im Pfarrhaus erhöhen.

Für Anna, die als Franz' Haushälterin fungierte, war dieses Leben emotional erstickend und verurteilte sie zu einer Existenz als eine kinderlose, alte Jungfer.

Karolines zunehmende Präsenz im Pfarrhaus gab ihr die Möglichkeit, ein wenig Zeit allein zu verbringen, weg vom Pfarrhaus, in der freien Natur wo sie ihren unterdrückten Empfindungen, im Kontakt mit der Natur und durch Spaziergänge auf Wiesen, in Wäldern und entlang des Baches, freien Lauf geben konnte.

So war Anna eine ungewollte Verschwörerin in den Intrigen ihrer Freundin, damit diese eine geheime Beziehung mit ihrem Bruder aufbauen konnte. Sie liebte Karoline und wollte sie nicht enttäuschen.

„Ich könnte dir sagen, dass du wahnsinnig bist einen Priester, der ein Gelübde des Zölibats abgelegt hat, zu lieben", sagte Anna, „aber ich weiß, dass du dies nicht hören willst."

„Wenn die Liebe nicht ein Wahnsinn ist", antwortete Karoline: „dann ist sie nicht die wahre Liebe."

„Franz darf deine Liebe aus Pflichtgefühl nicht erwidern", sagte Anna.

„Die Liebe hat größeres Durchsetzungsvermögen als Pflichten", sagte Karoline. „Franz wird das schon sehr bald spüren."

†

Für einige Zeit bemerkte Franz die ausgeklügelten Veränderungen der täglichen Routine im Pfarrhaus überhaupt nicht. Zunächst behielt Karoline ihre übliche Anzahl der Besuche die selben, sie erhöhte nur ihre Aufenthaltsdauer. Nach einigen Monaten war Franz es gewohnt, dass Karoline bei ihren Besuchen fast den ganzen Tag blieb. Er mochte sie natürlich um sich sehen und war froh, dass ihre Gegenwart Annas Leben angenehmer machte.

Als Karolines Besuche immer häufiger wurden, manchmal zwei oder drei Mal pro Woche, begann Franz es wahrzunehmen. Ihm war weniger Karolines Anwesenheit aufgefallen als vielmehr Annas Abwesenheit.

Eines Tages, als Anna mehrere Stunden weggegangen war erwähnte er es gegenüber von Karoline.

„Jetzt, wo ich des Öfteren hier bin und sie mit ihren Aufgaben unterstütze", sagte Karoline, „nutzt Anna die Gelegenheit, einige Zeit nach eigenem Gutdünken zu verbringen. Oft fühlt sie sich hier gefangen. Ungeachtet ihrer Liebe und Hingabe für dich und der Kirche, braucht sie ein wenig ihr eigenes Leben ... eins das über ihr Pflichten hinausgeht."

Franz machte nur eine finstere Miene, sagte aber nichts. *Ich würde auch gern ein wenig ein eigenes Leben neben meinen Pflichten haben,* dachte er. Aber seine Dankbarkeit gegenüber seiner Schwester, die ihm treu ohne zu klagen diente war unermesslich groß. Als er sich zu Karoline umdrehte verschwand seine finstere Miene sofort.

„Es ist wunderbar, dass du ihr die Gelegenheit für ein wenig Freiheit gibst. Deine Anwesenheit hier ist nicht nur für sie ein Segen."

Karoline schaute direkt in Franz' Augen und obwohl er noch mehr sagen wollte, konnte er die entsprechenden Worte nicht mehr finden.

Karoline hob die Hand und streichelte seine Wange: „Meine Anwesenheit hier ist auch ein Segen für mich, Franz."

Dann fuhr sie mit dem Mittelfinger leicht über seine Lippen.

Mit dem Handrücken berührte Franz sanft ihre Wange.

„Küss mich, mein Liebling", sagte Karoline, inbrünstig und beherzigte ihn mit ihren Augen.

Franz fühlte seinen Widerstand dahinschmelzen: „Karoline ... ich ... „

Das laute Geräusch der Entriegelung der Haustüre unterbrach ihn. Er drehte sich abrupt von Karoline weg und suchte verzweifelt nach etwas das ihn Beschäftigt aussehen ließ. Da erinnerte er sich, er hatte einen Entwurf der Sonntagspredigt in einer seiner Taschen und begann danach zu greifen gerade als Anna den Raum betrat.

„Ach, Anna," sagte er. „Ich bin froh, dass du zurück bist ... um, ähm ... Karoline zu unterhalten."

Er winkte mit den zerknitterten Seiten seiner Predigt: „Ich muss in die Kirche und an meine

Predigt für Sonntag arbeiten."

Mit diesen Worten verließ er Anna und Karoline die ihm nachstarrten und beide das gleiche dachten.

„Das wird eine Predigt die, wie ich glaube, keiner von uns Beiden hören will," sagte Anna, „um seinetwillen."

Karoline nickte ernst: „Aber ich vermute, dass viele der Dorfbewohner es kaum erwarten können sie zu hören."

Einen Gedanken, den die beiden Frauen nicht teilten war Karolines Überzeugung, dass die Liebe ein größeres Durchsetzungsvermögen habe als die Pflicht.

Für Anna waren menschliches Glück und moralische Pflicht untrennbar miteinander verbunden. *Pflicht tun bedeutet etwas tun das man nicht unbedingt tun möchte aber wovon man weiß, dass man es tun muss,* sie wollte es sagen, aber biss sich auf die Zunge.

XVI

Als Franz ganz allein in der kalten Kirche stand war kein Laut zu hören. In der dunklen Leere konnte man nichts als das Geschrei seiner gequälten Seele hören. *Stille ist der Klang der Ewigkeit,* sagte er sich und schloss die Augen.

Ein Frost hing in der Luft der rasch die Hitze seiner Leidenschaft abkühlte welche Karolines Berührung in seinem Herzen ausgelöst hatte. Aber die Sünde der Lust hatte ihn wie ein böser Schatten verfolgt und weigerte sich ihn zu verlassen. Er bekreuzigte sich und küsste das Kruzifix das er um den Hals trug.

Erst jetzt öffnete Franz seine Augen und ging zum Altar, wo er mehrere große Kerzen und eine Petroleumlampe, die ganz in der Nähe der Kanzel stand, anzündete.

Die Ausrede, die er Anna und Karoline beim Verlassen des Hauses gegeben hatte, war nur die halbe Wahrheit. Sie deutete an, dass er die Sonntagspredigt schon fertig hatte und sie nur noch aufpolieren musste. In Wirklichkeit hatte er noch gar nicht angefangen und es war schon Mittwoch. Die Last der allgemeinen Erwartung schien ihm eine mentale Blockade gegeben zu haben. Er hatte seiner Kirchengemeinde eine Predigt über das zwanghafte und unkontrollierbare sexuelle Verlangen des Heiligen Augustinus versprochen. Aber jetzt hatte er keine Ahnung was er sagen sollte. Er wusste nur, dass er mit Bleistift und Papier daran arbeiten und seine Gedanken aufschreiben musste.

Stattdessen setzte er sich in die erste Reihe der Kirchenbänke und blickte auf die flackernden Kerzen auf dem Altar. Er war erstaunt wie hell strahlend der Schein war und weit mehr als nur den Altar beleuchtete. *Damit Licht leuchten kann muss es zunächst Finsternis geben,* dachte er, ohne zu wissen, wo der Gedanke herkam. Er beschloss, dass es wahrscheinlich etwas war, was sein großes Vorbild, der Heilige Augustinus, gesagt hatte.

„In der Kirche gibt eine große Finsternis mein Heiliger Augustinus", sagte Franz laut. „Aber ich sehe keinerlei Licht."

Er wartete bis der Widerhall seiner eigenen Stimme verblasste; das Wort „Finsternis" hatte in ihm eine Erinnerung an etwas anderes ausgelöst, was der Heilige von Hippo einmal gesagt hatte: *‚Die sprudelnden Triebe der Pubertät benebeln und verhüllen mein Herz so sehr, dass ich den Unterschied zwischen der erhellenden Liebe und der verdunkelnden Lust nicht mehr wahrnehmen kann.'*

Als leidenschaftlicher Anhänger von Augustinus von Hippo, war Franz mit dessen Lehre sehr vertraut. Plötzlich war sein Kopf voll der großen Worte des Heiligen. Er war erstaunt, wie gut er sie in seinen Gedanken sehen konnte. Er konnte sie fast hören, als ob der Heilige sie ihm selbst ins Ohr flüsterte.

„Jetzt habe ich meine Predigt", sagte er laut, und ging schnell in die Sakristei um sie aufzuschreiben.

†

Ja, die Menschen sind wie Schafe, dachte Franz und schaute von der Kanzel auf seine Gemeinde herab. *Aber heute ist es nicht der Herr, der ihr Hirte ist - es wird Luzifer sein.*

Nach seiner Ankündigung des heutigen Predigtthemas, am vergangenen Sonntag, hatte Franz keine Illusionen darüber, warum die Kirche wieder bis zum letzten Platz gefüllt war. Er hatte sie angelockt in die Kirche zu kommen, auch wenn das nicht seine Absicht war. Aber die Verlockung hat gewirkt - und das war letztendlich eine seiner priesterlichen Aufgaben.

So war er sich sicher, dass Gott ihm seine Methode

vergeben würde. Worüber er sich größere Sorgen machte war, wie seine heilige Jungfrau Maria darüber urteilen würde.

Als die erwartungsvollen Gesichter zu ihm aufblickten, flüsterte Franz ein stilles, improvisiertes Stoßgebet an die Jungfrau:

Heilige Mutter Maria, vielleicht wäre es besser, wenn Ihr für die nächsten 20 Minuten Eure Ohren zuhalten würdet.

Solltet Ihr Euch entscheiden dies nicht zu tun, dann solltet Ihr bitte wissen, dass das, was ich nun sagen werde, eine bestimmten Zweck hat - den armen Seelen dieser Sünder zu helfen, folgsamere Christen zu werden die es deshalb verdient haben Eure heilige Liebe und Gnade zu empfangen.

Er war erleichtert, dass unter den heutigen Gläubigen keine Kinder waren. Er hatte gehofft, dass mit der Ankündigung des erwachsenen Themas der heutigen Predigt die Eltern die Initiative ergreifen und ihre Kinder zu Hause lassen würden. Sie schienen den Hinweis wahrgenommen zu haben.

Franz bekreuzigte sich und begann seine Predigt.

„Wenn es Priestern erlaubt ist andere Vorbilder als Jesus und oder die Mutter Maria zu haben, dann ist meines der Heilige Augustinus. Warum? Bevor er ein großer Heiliger in den Augen der Kirche wurde war er ein großer Sünder. Das soll nicht heißen, dass wir mit Begeisterung sündigen oder es gar dulden dürfen oder es als Anweisung zum Heiligtum anzusehen. Aber wir müssen den Mann respektieren und bewundern der es geschafft hat, sich von einem so niedrigen Ausgangspunkt bis zum Sitz neben dem Herrn im Himmel hochzuarbeiten.

„Wir müssen von so einem Mann einfach beeindruckt sein der seine eigenen Schwächen des Fleisches kannte und sie mit gewissem Humor verständlich machte. Als er seiner geistigen Bestimmung immer noch unsicher war hat der Heilige Augustinus einmal gesagt: ‚O Herr, hilf mir rein zu sein, aber bitte noch nicht heute.'

„Wir scheinen immer nur dann von Heiligen zu hören, nachdem sie zu einem gemacht wurden und sie scheinen uns göttliche oder übernatürliche Wesen zu sein, weit entfernt von unseren armen sterblichen Seelen. Und als solche sind sie für uns unrealistische Eingebungen. Aber sie waren alle menschlich ... und oft im weiten Sinne. Viele waren gewöhnliche, fehlerhafte, unheilige Sterbliche wie wir, deren Schicksal im Feuer der Hölle sicher schien.

„Der heilige Augustinus war ein perfektes Beispiel für solch einen fehlerhaften Sterblichen. Was ich an ihm besonders bewundere war seine Bereitschaft die spezifische Art und den Umfang seiner Sünden, in einer oft ehrlichen und lebendigen Sprache offen zuzugeben. Augustinus war nicht damit zufrieden, einfach zu sagen: ‚Ich war ein Sünder, und jetzt habe ich Gott gefunden.' Er gab uns Einzelheiten seiner sündigen Wege, damit wir sie selbst erkennen und zurückweisen können und um unsere eigenen Sünden frühzeitig zu bereuen, wie er es tat.

„Ja, die meisten von uns bekennen unsere Sünden,

aber in der Privatsphäre des Beichtstuhls. Das ist der einfache Weg. Der Heilige Augustinus hat seine Sünden der Welt durch ein Buch mit den Titel ,*Bekenntnisse eines Sünders*' eingestanden. Also, was hat Augustinus gebeichtet? "

XVII

„In *Bekenntnisse eines Sünders,* " fuhr Franz fort, „hat Augustinus seine pubertären Abenteuer beschrieben. Er gab zu, einen deftigen jugendlichen Sexualtrieb gehabt zu haben und sagte, dass er dadurch Liebe und Freundschaft mit der Erfüllung seiner sexuellen Wünsche verwechselte. Lassen Sie mich Augustinus zitieren:

,*Die sprudelnden Triebe der Pubertät benebeln und verhüllen mein Herz so sehr, dass ich den Unterschied zwischen der erhellenden Liebe und der verdunkelnden Lust nicht mehr wahrnehmen kann.*

Was mich zum großen Teil gefangen hielt und quälte, war die Angewohnheit, meinen unersättlichen sexuellen Trieb mit heftiger Intensität zu erfüllen.'

„Was ihn an seinem unersättlichen sexuellen Wahn am meisten quälte war, dass er zu dem Schluss kam, dass das Christentum die wahre Religion war, zu der er sich mit voller Überzeugung bekehren sollte. Wie viele Christen im vierten Jahrhundert, so glaubte auch Augustinus, dass er, für eine wahre christliche Gesinnung, in seinem weltlichen Werdegang alle Gedanken auf Ehe verzichten musste und sich in irgendeiner Form dem Mönchstum oder dem zölibatären Leben hingeben musste.

„Aber hier lag Augustinus' Engpass - er erkannte, dass er der sexuellen Lust verfallen und nicht imstande war, sie aufzugeben. Er sah sich in einer Form der moralischen Lähmung gefangen. Wir wissen, dass er ihr entkommen ist, aber wie?

„Er sah es als eine Schlacht zwischen seinem sexuelle Verlangen und der Freiheit seines Willens. Er entschied sich, dass das sexuelle Verlangen sein Feind war und ihn gegen seinen Willen in Eisen legte.

„Er sagte: *‚Meine Eisen waren mir nicht von Anderen auferlegt worden, es waren Eisen die ich mir selbst angelegt hatte. Der Feind hatte meinen Willen ergriffen und mich in Ketten, als Gefangenen, gehalten.'*

„Seine natürlichen Instinkte, wie es auch unsere tun würden, hielten ihn dazu an, den Ketten, die ihn gefangen hielten, zu entkommen um den Feind zu besiegen. Augustinus legte seinen Feind - Lust auf Sex - als Hindernis aus, das ihn von seiner Hingabe zu Gott fernhielt. Wie Augustinus es beschrieb, war das eigentliche Problem, bestand der Konflikt in ihm aus zwei verschiedenen Sehnsüchten - der eine Wille besagte *Gott zu lieben und ihm vollständig zu dienen* und der andere Wille besagte *sich selbst zu dienen*. Die entgegengesetzten Willen führten tief in seinem Herzen einen fürchterlichen Krieg. Durch die Entscheidung, dass einer von ihnen sein Feind war, war er in der Lage, ihn zu demaskieren und mit freier Willenskraft zu besiegen.

„Augustinus verurteilte das sexuelle Verlangen

und die einhergehenden Aktivitäten vollständig und verbannte sie als zwingende Voraussetzung, sich ganz und gar Gott zu verpflichten und ein religiöses Leben als Mönch zu leben.

„Was Augustinus sich selbst nicht fragte, oder zumindest nicht an uns weiterleitete, ist weshalb wir nicht in den Genuss der sexuellen Befriedigung kommen dürfen und gleichzeitig ein Mönch oder Priester sein können? Macht uns das natürliche menschliche Verlangen nach Sex irgendwie minderwertig oder in den Augen unseres Schöpfers unwürdig? Es scheint mir, dass für die katholische Kirche, die ultimativ böseste Sünde natürlicher Sex ist.

„Warum ist da so? Warum soll der Genuss der natürlichen sexuellen Befriedigung uns unfähig machen Gott zu dienen? Bedeutet dies auch, dass jeder, der Sex hat irgendwie in Gottes Augen verdorben ist?

„Diese Fragen kann ich Euch nicht beantworten, und der Heilige Augustinus hat dazu geschwiegen. Allerdings hat er gesagt, dass Sex in der Ehe zum Zweck der Fortpflanzung akzeptabel ist und dass Lust zu diesem Zweck von Nutzen sein kann.

„Aber ob die Kirche mit ihrer Furcht vor dem Sex richtig oder falsch liegt, schmälert unsere Hingabe zu dem Heiligen Augustinus nicht er bleibt eine große Inspirationen für uns wie wir auf unseren sündigen Wegen zu einem besseren christliche Leben aufsteigen können. Mit seinem Vorbild und der Liebe und Gnade Mutter Marias können wir alle zu Heiligen im

Sinne Jesus werden."

†

„Ehrlichkeit ist das erste Kapitel des Buches der Wahrheit", sagte Franz noch einmal, als er nach der Messe, zur Verabschiedung der Gemeindemitglieder, an der Kirchentür stand. Es galt als Antwort auf Vorwürfe einiger der älteren Gläubigen in seiner Herde, die von seiner offenen Infragestellung der Kirchenobligationen entsetzt waren. Sie waren besonders empört da die Worte von einem katholischer Priester kamen, wie sie sagten.

„Es tut mir leid, Sie beleidigt zu haben", fügte er hinzu. „Wer sich aber nicht traut zu beleidigen wagt es auch nicht ehrlich zu sein."

Er akzeptierte es, dass er einige Gemeindemitglieder für immer verloren hatte, war aber erfreut, dass er sehr viel mehr neu gewonnen hatte.

Nachdem der Letzte gegangen war, zog sich Franz in die Kirche zurück und schloss die Tür hinter sich. Wieder einmal fand er sich allein in der Leere der Kirche. Doch dieses Mal hörte er nicht den Schrei seiner gequälten Seele in der Stille sondern nur das Knarren der Balken die sich durch die Sonnenstrahlen aufheizten und ausdehnten.

Er setzte sich in der Mitte einer Reihe von Bänken, etwa auf halbem Weg den Gang hinunter, nieder. Eine Zeitlang sah er mit Freude die bunten Glasfenster neben dem Altar an, deren reiche Farben, als die Sonne am östlichen Himmel höher stieg immer leuchtender wurden. Allmählich konzentrierte er sich auf ein Bildnis von Jesus mit einigen seiner Jünger.

Franz' Gedanken waren sofort wieder beim Thema seiner Predigt: *Jesus hat nie gepredigt, dass die Priester zölibatär sein sollten,* dachte er. *Viele der ersten Priester, Apostel Christi, waren verheiratet. Sankt Peter, der erste Papst, war verheiratet. Das Zölibat wird in der Bibel nie erwähnt.*

Franz hätte gern viel mehr über das Zölibat in seiner Predigt gesagt, aber er wusste, dass es kein Thema von allgemeinem Interesse war und so beschränkte er die Analyse auf seine eigenen Gedanken.

Eunuchen für das Himmelreich, hatte einmal ein Studienfreund in Sankt Pölten über das Zölibat zum Ausdruck gebracht.

Der Mitschüler hatte bald darauf das Seminar verlassen und gab seine Ambitionen zum Priestertum auf.

Warum verlangt die katholische Kirche das Zölibat von ihren Priestern? Es war eine Frage, die er sich selbst unzählige Male gestellt hatte. Nun, zum ersten Mal stellte er sich eine andere Frage - nicht *warum* verlangt die Kirche dies, sondern *was* ist der Sinn?

Was bedeutet das Zölibat für Priester? Zu welchem Zweck wurde es von der Kirche erfunden. Dann fiel ihm ein. *Das ist genau das was es ist, eine Erfindung. Es ist ein Mittel ... ein Mittel zum Zweck. Das Zölibat ist ein Werkzeug der Macht und der Kontrolle über Priester.*

Er wusste, dass es noch etwas anderes war, etwas noch manipulativeres und gehässigeres - der Kirche

Anschuldigung der Frauen.

Hier erkannte Franz, dass die Kirche letztlich im Zölibat zeigen möchte, dass Priester keine Männer dieser Welt sind, dass sie deshalb nicht vollständige und erfüllte Menschen sein müssen.

Das Tragische ist, dachte er, *dass wir alle viel bessere Männer und Priester wären, wenn wir nicht, gegen unseren Willen und unsere natürlichen Instinkte zum Zölibat gezwungen würden. Der Segen des Priestertums wird durch den Fluch des Zölibats vernichtet.*

XVIII

Zur Mittagszeit verließ Franz die Kirche und ging zum Pfarrhaus hinüber. Sowohl Anna als auch Karoline hatten dort das Mittagessen vorbereitet. Er wusste, dass sie etwas zu seiner Predigt sagen würden, beschloss aber ruhig und zurückhaltend die Kritik entgegenzunehmen.

Anna reichte ihm ein Bier und eine Butterbrezel.

„Es gibt Würstchen mit Bratkartoffeln, Speck und Zwiebeln", sagte sie.

Er fragte sich, wie lange es dauern würde, bis eine der Frauen, das was er in der Kirche gesagt hatte, kommentieren würde.

Nicht lang.

„Ich glaube nicht, dass irgend jemand in Hennersdorf jemals so eine Predigt gehört hat", sagte Karoline, bevor Franz einen ersten Schluck Bier genommen hatte.

Wenn sie eine Antwort von Franz erwartet hatte war sie nun enttäuscht, denn er sagte nichts.

„Ich bezweifle sowieso, dass die Menschen hier bei Predigen überhaupt wirklich zuhören", sagte Anna.

„Sie sitzen einfach nur da und starren in die Luft und überlegen sich, was sie nach der Messe tun sollen."

„Mit dem Ausdruck auf ihren Gesichtern", sagte Karoline, „bin ich sicher, dass sie diese hörten."

Sie lächelte Franz süß an der zurückgrinste.

„Dann war es wohl erfolgreich", sagte er. „Ein wichtiger Teil meiner Arbeit ist, die Kirche für diejenigen interessant zu machen, die sich die Mühe machen Sonntags zu kommen."

„Und diejenigen, die sich in der Regel nicht die Mühe machen zu kommen", sagte Anna.

Franz zuckte mit den Schultern, als ob ihm die welche nicht zur Kirche kamen egal wären.

„Ich bin kein Missionar", sagte er. „Sondern nur ein Pfarrer."

Nun zuckte Anna mit den Schultern zu ihm zurück. *Dieses Spielchen können wir zu zweit spielen,* dachte sie. Sie wollte ihn eigentlich daran erinnern, dass die Pflicht von ihr verlangte auf ihr eigenes Leben zu verzichten und ihm als Pfarrer zu dienen und dass er ein Pfarrer sein solle, der ihr Opfer verdient hat. Anna konnte leider diesen Teil den sie dachte nicht verbalisieren.

„Dann musst du eben der beste Pfarrer überhaupt sein."

„Ich will der beste Priester sein der ich nur sein kann", entgegnete Franz, der über die versteckte Kritik seiner Schwester verblüfft war. „Die Gottesmutter Maria wird es schon richten."

„Mit der Mutter Maria eine Liebschaft zu haben macht dich noch lange nicht zu einem guten Priester", sagte Anna. „Du hast Pflichten ... wie wir alle."

„Anna!" Franz war von ihrem Schneid schockiert.

Karoline sah ebenfalls fassungslos aus.

Anna blickte die beide der Reihe nach verstört an, brach in Tränen aus und rannte aus dem Zimmer. Franz war ratlos, was er tun sollte.

„Ich werde ihr nach gehen", sagte Karoline. „Bleib hier."

Als sie nach draußen trat, sah sie Anna in Richtung Kirche eilen. Gerade als sie die Tür erreichte, stolperte Anna und fiel, dann rappelte sich auf und verschwand im Inneren.

Ist es möglich, dass Gott die Gebete in einer leeren Kirche eher hört? Der Gedanke kam Anna, als sie die Tür hinter sich geschlossen hatte und der Klang durch die düstere Stille hallte. Sie war nicht in die Kirche geeilt um zu beten, sondern nur um sich vom Scham ihres Ausbruchs zu verstecken.

Sie hätte sowieso nicht gewusst was sie in so einem Fall beten konnte, sie musste nicht um Vergebung von Gott bitten - ihre Erregung war keine Sünde. *Ein Gebet ist keine Bitte - es ist die Sehnsucht der Seele.*

Sie saß gebückt auf einem Stuhl in einer dunklen Ecke hinter dem Altar, den Kopf in den Händen.

„Wonach sehnt sich meine Seele?" fragte sie sich flüsternd.

Karoline öffnete und schloss die Tür so sanft, dass

Anna es nicht hörte.

„Anna?" rief Karoline mit gedämpfter Stimme, denn sie wollte in einer Kirche ungern schreien.

Der Altar lag im Schatten und in der dunklen Ecke in der Anna saß, war es für Karoline, die in der Nähe der hinteren Kirchenbänke stand, unmöglich sie zu sehen.

Sie rief nochmals ihren Namen und ging den Gang entlang, links und rechts die Bankreihen überprüfend. Sie war fast bei der ersten Reihe angelangt, als Anna aufstand und sie im dunklen Schatten erschreckte.

„Oh!" rief Karoline. „Da bist du ja."

Die beiden Frauen umarmten sich sofort. Anna begann leise zu schluchzen und Karoline hielt sie fest, bis sie sich beruhigt hatte.

„Liebe, süße Anna", sagte sie, auch mit Tränen kämpfend. „Du weißt ich liebe dich ... sag mir, was los ist."

Sie führte Anna sanft zur vordersten Kirchenbank, dort saßen sie nun Hand in Hand.

Anna zog ein Taschentuch aus dem Ärmel und tupfte sich die Augen, als sie sich besänftigte.

„Ich liebe dich auch", sagte sie und drückte Karolines Hände. „Ohne dich wäre mein Leben unerträglich. Natürlich liebe ich auch meinen Bruder ..." Sie verstummte in einem tiefen Seufzer der voller Melancholie und Sehnsucht war.

„Ich weiß, dass du und Franz euch innerlichst liebt und schließlich zusammen sein werdet. Ich verstehe und unterstützte das, auch wenn er ein Priester ist. Aber es ist eine Verhöhnung meiner ... meiner Pflicht

... das Opfer meines eigenen Lebens ihm als Priester zu dienen."

Karoline konnte nichts als zuhören - sie war immerhin die Hälfte des Problems.

„Du hast mir gesagt, dass die Liebe ein besserer Lehrmeister als die Pflicht sei", setzte Anna fort. „Ich weiß nicht ob sie besser ist, aber ich kann erkennen, dass sie stärker ist."

Irgendwie konnte sich Anna von Herzen für Karoline freuen, dass diese sich glücklich schätzen durfte jemanden gefunden zu haben den sie liebte und der sie auch liebte. Aber sie verzweifelt auch an Karolines und Franz' Seelenheil. Liebe soll das Licht der Seele sein, doch deren beide werden in die ewige Finsternis geworfen werden.

Sie konnte die unvermeidliche Tragödie der Liebe zwischen ihrer liebsten Freundin und ihrem geliebten Bruder erkennen. So wie Adam und Eva waren beide dazu bereit von der verbotenen Frucht zu essen. Und wie diese hatten Karoline und Franz ihre freie Wahl.

Wohingegen ich sie nie haben werde, dachte sie. *Vielleicht ist das Leiden einer verwehrten Liebe eine größere Tragödie als die einer verdammten Liebe.*

XIX

Es gibt keine Liebe
Wo ein unberührter Fluss fließt
Und wohin der gejagte Hirsch flieht
In einen einsamen Wald zu träumen

Wo Vögel sich verstecken um zu weinen

Es gibt keine Liebe
Wo das Sonnenlicht nie scheint
Im Schatten und der Dunkelheit
Wo ein Fluss den niemand wähnen
Fließt wie eine Flut von Tränen

Es gibt keine Liebe
Wo ein einsames Herz sich verbirgt
Und das Licht der eignen Seele stirbt
Wo man keinen einzigen Ton singt
Oder die Musik der Glocken klingt

Es gibt keine Liebe
Sie wurde mir verwehrt
Es gibt keine Liebe
Nur Tränen die niemand hört.

Anna legte ihre Feder beiseite und schloss das Büchlein, in welches sie dieses Gedicht geschrieben hatte.

Schöne Poesie, dachte sie, *ist wie verschmierter Honig am Becherrand damit ein krankes Kind die Medizin darin nicht verweigert.*

In keinster Weise dachte sie, dass ihre Kritzeleien ein schönes Gedicht wären, aber das Schreiben hat dazu beigetragen den bitteren Geschmack ihres Bedauerns erträglicher zu machen.

Sie musste aufpassen nicht die giftige religiöse

Täuschung, dass nur eine reine Frau ohne intime Hingabe die Liebe und Gnade Gottes erhielt, zu trinken.

Gedichte schreiben half ihr eine gewisse Hoffnung zu behalten, dass Liebe nicht für immer und ewig für sie verloren war.

Sie wusste, dass sie weiterhin auf ihr Herz hören musste. Aber sie musste genau hinhören, denn es flüsterte nur.

Anna nahm noch einmal ihren Stift und schrieb:
Mit einem Herzenswunsch so bittend,
Ist Hoffnung nicht tot, nur schlafend.

In den Tagen nach ihrer Auseinandersetzung mit Franz, hatte Anna in ihrer Seele nach einem Weg gesucht, um innere Stärke und Frieden zu finden. Sie wusste, dass sie eine Gefangene der gegebenen Umstände war und machtlos war diese zu ändern, doch ihre innere Haltung ihnen gegenüber konnte sie frei wählen.

In all ihrer Weisheit wusste sie, dass das größte Glück auf Erden eine wahre Freundschaft ist. Ohne Liebhaber oder Ehemann, mussten Karoline, Franz und Karl ihr Ansporn für dieses Leben zu sein.

Ich bin wie der kleine Hund der am Pferdewagen angebunden ist, dessen Leine lang genug ist um mir einen gewissen Spielraum zu geben, aber nicht lange genug für mich ist, um dorthin zu gehen wohin ich will.

Diese Metapher war von den stoischen Philosophen Zenon und Chrysippos definiert worden, und Anna konnte sie auswendig vorsagen: ,*Wenn man einen Hund an einem Karren festbindet, dann wird er, wenn er folgen will, mitgezogen und folgt, seine Eigenhandlung mit dem Zwang zusammenbringend. Wenn er aber nicht folgen will, so ist er einfach dazu gezwungen. Dasselbe haben wir auch bei den Menschen: auch wenn sie nicht folgen wollen, werden sie einfach dazu gezwungen mit dem Vorbestimmten einherzugehen.'*

Wir alle haben eine Art von Leine um den Hals, entsann Anna. *Es gibt die Weisen und die Unweisen. Der Weise erkennt schnell was zu tun ist und lässt sich nicht durch Protest und Widerstand erschöpfen.*

Aber sie wusste auch, dass dies nicht bedeutete sie müsse passiv und unterwürfig sein. Es mag dumm sein gegen etwas Notwendiges zu kämpfen, aber es ist ebenso dumm etwas als Notwendig anzusehen, wenn es das gar nicht ist.

Aber ich bin nicht ganz so wie der kleine Hund, dachte sie. *Ich habe ein Gewissen, der Hund nicht. Es gibt mir die Freiheit, meine Haltung gegenüber Dingen, die ich nicht ändern kann, zu wählen. Ich kann sie akzeptieren. Ich kann Notwendiges willigen anstatt wütend und bitter zu sein und somit Zufriedenheit erlangen.*

†

Karoline war nicht so nachdenklich. Nachdem sie Anna in der Kirche getröstet hatte, fühlte sie eine gewisse Schuld an ihrer Freundin Not, aber nur ganz kurz.

Wie Annas so war auch ihre Seele auf der Suche nach einem Weg ihre eigenen Ziele und Wünsche zu erfüllen. Aber im Gegensatz zu Anna, hatte sie freie

Entscheidungen und ihre erste Wahl war natürlich nicht unbedingt von moralischer, sondern eher glückseliger Art. Obwohl sie jedem der es hören wollte sagen würde, dass sie keine andere Wahl hatte als Franz zu lieben - es lag komplett außerhalb ihrer Kontrolle.

Wenn sie die Hund/Kutschen Metapher gekannt hätte, hätte sie ihr Streben nach Franz, wie die überwältigende Stärke der Pferdekutsche mit dem kleinen Hund verglichen. Sie war unfähig zu widerstehen und zu ihrem Glück war das was außerhalb ihrer Kontrolle lag auch ihr Herzenswunsch und Lebenstraum.

In Träumen gibt es keine Unmöglichkeiten - das gleiche gilt in der Liebe, dachte sie. Für Karoline war ihre Liebe zu Franz eine unwiderstehliche emotionale Kraft. Wie mit dem kleinen Hund, es gab keinen Grund sich zu widersetzen. Glück hat nichts mit Vernunft zu tun - das Streben danach ist ein natürlicher menschlicher Instinkt. Aristoteles sagte, dass das Glück der Sinn und der Zweck des Lebens ist, der Urgrund der menschlichen Existenz.

Karoline schien dem zuzustimmen. In Wahrheit hatte sie aber eine Wahl. Wie Anna hätte sie ihre Haltung zu den Umständen wählen können, doch sie war machtlos gegenüber ihrer Liebe zu Franz. Sie hätte sich entscheiden können ihre Liebe zu ihm abzulehnen, weil er ein Priester war und das Zölibat gelobt hatte und eine intime Beziehungen mit ihm daher unmoralisch und eine Todsünde war. Stattdessen wählte sie das Glück über das Leiden. Zumindest in ihrem irdischen Leben.

„Aber was ist mit deiner Seele und dem Leben nach dem Tod?" hatte Anna in der Verzweiflung gefragt.

„Ich bitte dich jeden Tag für meine Seele zu beten", sagte Karoline mit Tränen in den Augen. „Und bitte, bete auch für Franz' Seele."

XX

Ruiniere niemals eine Entschuldigung mit einer Ausrede, dachte Anna. Sie hatte dies irgendwo vor kurzem gelesen, ein Zitat von einer berühmten Persönlichkeit dessen Name ihr entkommen war. *Ich werde darauf achten wenn ich mich bei Franz entschuldige.*

Sie hatte schon mehrere Male versucht ihr Auftreten zu entschuldigen, was ihr aber bisher noch nicht gelungen war, sind die richtigen Worte zu finden, die es aufrichtig klingen lassen und die für ihren Bruder sinnvoll sind. Sie wusste, dass die unglückliche Spannung zwischen ihnen so lange bestehen würde bis sie das Problem gelöst hatte.

Dann, als sie eines Morgens aus ihrem Schlafzimmer in das kleine Wohnzimmer trat, hatte Anna eine Eingebung und sah ihre Gelegenheit gekommen. Als sie die Vorhänge aufzog um die Sonne hereinzulassen, fiel ihr ein goldener Strahl ins Auge.

Auf einem kleinen Tisch am Fenster sah sie eine Figur der Heiligen Jungfrau Maria die im Morgenlicht den Raum gülden beleuchtete. Sie hatte die Statue noch nie gesehen. Dort stand bisher immer die

Marmorfigur eines Zuchtpferdes.

Franz muss sie, nachdem ich letzte Nacht zu Bett ging, ausgetauscht haben, dachte sie. Die Skulptur der Jungfrau gab ihr eine Idee.

Zwei Tage später, als sie Franz' Lieblingsessen, Svícková, einen Sahnerinderbraten servierte den sie mit böhmischen Knödeln, Preiselbeeren und Schlagsahne gekocht hatte, kam die Gelegenheit.

Franz bedankte sich pflichtschuldigst für den besonderen Leckerbissen bei ihr, war zwar immer noch mürrisch jedoch endlich bereit ihr ihre Aufwallung zu vergeben.

„Was ist der besondere Anlass?", murmelte er. „Heute ist schließlich nicht mein Geburtstag."

Anna reichte ihm ein gerolltes Blatt Papier das mit einer hellblauen Schleife zusammengebunden war.

„Der Anlass ist meine Entschuldigung", sagte sie, als Franz das aufgerollte Papier von ihr entgegen nahm, „für meinen schrecklichen Ausbruch vor ein paar Sonntagen. Vor allem möchte ich betonen, wie leid es mir tut die schreckliche Bemerkung über deine Liebesaffäre mit der Mutter Maria gemacht zu haben. Ich weiß, wie sehr du sie verehrst. Für das was ich da gesagt habe gibt es keine Ausrede."

Franz öffnete die Rolle und sah, dass es ein Gedicht mit dem Titel *,Der Liebe güldener Schein'* enthielt. Er blickte Anna unsicher an, dann las er das Klagelied laut vor:

„Wenn jeder neue Tag anbricht
blockieren Schmerzenswolken meine Sonne

denn ich weiß, dass mit jedem Morgen
ein weiterer einsamer Tag begonnen hat.

„Aber als die Sonne strahlend
durch des Vorhangs Falte fiel
Sah ich die Jungfrau glänzen
in glitzerndem Goldesgewand.

„Der Liebe güldener Schein
glühte im Herzen der Mutter Maria
und floss von ihr unaufhaltsam
zu meinem geliebten Bruder.

„Lieber Franz, in der Qual meiner Seele
bereue ich von ganzem Herzen
die schrecklichen Dinge die ich sagte
und in Schade neige ich mein Haupt."

Anna saß in der Tat mit gesenktem Kopf beim Kachelofen. Ihre Hände waren gefaltet und Tränen glitzerten auf ihren Wangen. Franz bewunderte die Worte auf der Seite in seiner Hand, er war von den Strophen tief bewegt.

Er legte eine Hand unter Annas Kinn und hob sanft den Kopf, um sie anzusehen.

„Dein Poem ist wunderschön, liebste Anna", sagte er. „Aber du musst nichts bereuen."

Er wollte seine Schwester trösten, wusste aber, dass alles was er sagen konnte nur hohl klingen und keine Hilfe für sie bedeuten würde. Er konnte die Verpflichtung seiner Schwester zu ihm und der

Kirche nicht ändern - und seine begierige Beziehung mit Karoline war unvermeidlich.

Dieser letzte Gedanke überraschte ihn. Er hatte nicht bemerkt, dass er im Unterbewusstsein bereits mit seiner bevorstehenden Verletzung des Zölibats geliebäugelt hatte.

Franz wusste, dass es Vorkommnisse im Leben gab, denen man machtlos gegenüber stand. Das wirkliche Leben und die Realität waren völlig verschiedene Dinge. Das wirkliche Leben ist äußerlich - Realität ist innerlich. Es wäre Selbsttäuschung zu leugnen, dass man das Unvermeidliche nicht kannte.

Selbst wenn man alle Vorhänge zuziehen würde, könnte man die Sonne nicht daran hindern zu scheinen.

XXI

Ein glücklicher Zufall entsteht oft durch ein unglückliches Geschehnis von jemand anderem.

Vielleicht war es der Stress ihrer tiefen, anhaltenden Scham und Reue für ihre Beleidigung von Franz, die Anna krank machte. Was auch immer die Ursache war, sie musste mehrere Wochen wegen akuter Angststörungen die von hohem Blutdruck, Herzklopfen und schweren Kopfschmerzen begleitet waren, in einem Sanatorium verbringen.

Zum Glück war Karoline in der Lage im Pfarrhaus in Annas Rolle auszuhelfen, bis diese sich erholt hatte.

Karoline erkannte Gottes Hand in Annas Krankheit,

denn sie hatte immer wieder für Seine Fügung in ihrem Wunsch nach Franz gebetet. Aber sie konnte sich nicht sicher sein, ob der Allmächtige eher ihren Wunsch zu erleichtern versuchte oder ob Er sie in ihrer Willenskraft testen wollte. So oder so, ein schmerzhaftes Leiden war vorhersehbar.

Ist es schmerzhafter der Hingabe oder der Versuchung zu widerstehen? fragte sie sich.

Franz war sich darüber im Klaren, dass Annas Abwesenheit eine Prüfung Gottes war. Der Allmächtige wacht aber Er verführt nicht.

Dennoch, wie Karoline, so musste Franz auf seine eigene Art und Weise versuchen, die Vorbestimmung seines sexuellen Verlangens zu rechtfertigen. *Gott hat mich mit Liebe und Begehren gefüllt und Er weiß, dass ich nicht die Kraft des heiligen Augustinus habe um dieser Macht zu widerstehen. Somit erwartet der liebe Gott dies auch nicht von mir.*

Selbsttäuschung ist, sich selbst zu belügen. Für einen Priester bedeutet es auch Gott zu belügen. Franz war für eine Selbsttäuschung viel zu intelligent. Er glaubte von dem, was er gerade über Gottes Erwartungshaltung gedacht hatte, selbst kein einziges Wort.

Was er leidenschaftlich glaubte und das ging weit über seine bloße und persönliche Bequemlichkeit hinaus war, dass das Zölibat ein Fluch des Priestertums war.

Es war ein Fluch der nicht von Gott kam, sondern von Geistlichen die gedachten Gott zu spielen.

†

In der dritten Nacht, nachdem sie in das Haus eingezogen war, kam Karoline in Franz' Schlafzimmer. Sie zögerte zuerst an seiner offenen Tür und stand in ihrem langen, weißen Nachthemd zitternd da, wie ein blasser, schüchterner Schatten in der Dunkelheit.

„Franz?", sagte sie leise, mit einer sanften, hebenden Betonung um es zu einer Frage zu gestalten. Trotz der Zartheit war es eine maßgebliche Frage mit vielen Antworten: *Bist du wach? Kann ich herein kommen? Soll ich reinkommen? Hast du mich wirklich lieb? Werden wir es bereuen? Was geschieht mit unseren Seelen?*

Franz hörte es jedoch nicht als Frage, sondern einfach als die Stimme der Frau die er liebte und begehrte und welche leise seinen Namen, mit einer gewissen Absicht und einem sehnlichsten Wunsch, aussprach.

„Meine geliebte Karoline - endlich."

†

Es gibt weder Belohnung noch Bestrafung - es gibt nur Folgen, sagte Franz zu sich selbst. Mit diesem Glauben war er als Christ zwar nicht aufgewachsen, aber jetzt als Priester wusste er, dass es Wahr war.

Ein barmherziger Gott, so entschied er, würde ihn nicht in das ewige Höllenfeuer werfen nur wegen eines tiefen, natürlichen menschlichen Wunsches dem er nicht widerstehen konnte, auch wenn die Kirche ihn dafür sicherlich verurteilen würde. Aber die Kirche ist nicht Gott.

Immerhin, Franz wusste, dass hier auf Erden die Folgen seiner Intimität mit Karoline verheerend sein könnten. Vorerst jedoch war er fröhlich und wie berauscht.

In Annas Abwesenheit lebten Franz und Karoline gemeinsam im Pfarrhaus und teilten ein Bett. Immerhin, Karoline wohnte aus legitimen Gründen im Haus der Kirche.

Wie gut, dass sie für ihre kranke Freundin einspringen konnte, dachten die Leute. *Franz hatte in der Tat Glück, dass sich jemand um ihn kümmerte, während seine Schwester sich erholen musste. Karoline war ein wahrer Engel.*

Es gab weder böse Zungen noch rollende Augen. Einige Köpfe gedachten sicherlich der Möglichkeiten, aber verzichteten darauf die skandalösen Gedanken auszusprechen. Nur Franz' Schwester Anna wusste, dass die Möglichkeiten eine Gewissheit waren. Es war klar, dass Karl einen gewissen Verdacht schöpfte, aber er zog es vor seinem jüngeren Bruder den Vorteil des Zweifels zu geben.

Weder Franz noch Karoline waren durch Zweifel beunruhigt. Beide wurden von Schuldgefühlen geplagt und waren von Scham erfüllt, aber irgendeinen Zweifel an ihrer Liebe zueinander hatten sie nie.

Schuld ließ sich leicht überwinden.

„Wenn ich Schuld auf die richtige Weise interpretiere", sagte Franz zu Karoline, „sind wir über jeden Vorwurf erhaben."

„Wie ist das möglich?", fragte Karoline.

„Nun, wenn wir uns selbst die Schuld zuweisen, dann hat niemand das Recht uns zu beschuldigen."

Karoline sah nicht gerade überzeugt aus.

„Wie auch immer", sagte Franz, „Schuld ist nur die Stimme des Teufels, der versucht dich in deinem Kopf davon zu überzeugen, dass du eine schreckliche Person bist - hör ihm einfach nicht zu!"

Scham war viel schwerer zu überwinden und Franz wusste das. Er sah sie als die Seele fressende Emotion und kannte keine einfachen Worte um diesen zerstörerischen Einfluss zu mindern. So versucht er auch nicht es für Karoline zu verharmlosen. Er hatte einmal gehört, dass Scham ein schlechtes Gedächtnis hat - aber irgendwie bezweifelte er es.

Natürlich kann man Scham einfacher handhaben wenn man sie mit jemandem teilen kann, sagte er sich. *Vielleicht kann dieser Gedanke Karolines Leben ein bischen leichter machen.*

XXII

Karl war sich nicht sicher, warum er beschlossen hatte, das Pfarrhaus unangemeldet zu besuchen.

Niemand antwortete auf sein Klopfen so ging er unaufgefordert hinein. Er konnte gedämpfte Stimmen aus einem der Schlafzimmer hören.

So rief er: „Franz! Karoline!"

Die Stimmen verstummten sofort, aber niemand erschien. Er ging in Richtung Schlafzimmer als Karoline heraus kam und hinter sich die Tür schloss.

Sie sah nervös aus hatte sich aber schnell unter Kontrolle.

„Karl!", rief sie laut genug damit Franz sie durch die Tür hören konnte. „Was für eine Überraschung!", sagte Karoline. „Wir haben dich nicht erwartet."

„Ist alles in Ordnung?", fragte Karl und spähte über ihre Schulter zur Schlafzimmertür.

„Nicht wirklich", sagte sie. „Franz ist krank und ich habe gerade nach ihm geschaut." sagte sie mit erhobener Stimme. „Er hat eine Erkältung und seine Kehle schmerzt wenn er husten muss." Sie hoffte Franz würde die Diagnose hören. „Er befürchtet, dass seine Stimme für seine Predigt am Sonntag nicht stark genug sein wird."

Karoline drehte sich um, öffnete die Zimmertür und bot Karl an einzutreten. Er sah seinen Bruder auf dem Rücken im Bett liegend, mit der Decke bis zum Kinn hochgezogen um seinen völlig nackten Körper zu bedecken. Franz begann sofort an zu husten.

„Es tut mir leid dich krank zu sehen, Franz", sagte Karl.

„Ich glaube nicht, dass es ernst ist", entgegnete Franz und mimte eine raue Stimme. „Ich bin schon auf dem Weg der Besserung."

Karl ging nach vorn zum Fußende des Bettes doch Karoline blockierte raffiniert seinen Weg. Sie wollte ihn an der Seite des Bettes halten, wo er nicht Franz' abgelegte Kleidung auf dem Boden liegen sehen konnte.

Zum Glück war Karoline noch bekleidet als sie unterbrochen wurden. Sie hatte gerade Franz ausgezogen und er war im Begriff ihre Gefälligkeit zu erwidern, als Karls Stimme zu hören war.

Nach einem weiteren Hustenanfall täuschte Franz eine tiefe Müdigkeit vor und schloss die Augen.

„Wir sollten ihn etwas zur Ruhe kommen lassen", sagte Karoline und schob Karl aus dem Zimmer. „Komm, ich werde dir einen Kaffee machen."

Karl hatte seit Langem auf solch eine Gelegenheit gewartet. Er wusste, dass Karoline seit vielen Jahren tiefe Gefühle für Franz hatte. Allerdings war er nun, dass Franz ein Priester war, davon überzeugt, dass sie endlich damit zurecht kam, dass Franz für sie als Mann nicht in Frage kam.

Seine eigenen Gefühle für Karoline waren genauso stark wie ihre für Franz. Er war seit vielen Jahren in Karoline verliebt, ohne es sich selbst vollständig zuzugestehen. Nun war er bereit es zuzugeben und es ihr zu sagen. Aber Absicht ist nicht Handeln. Karl erkannte, dass einfach nur bereit zu sein nicht genug ist um in's kalte Wasser zu springen.

Karoline reichte ihm seinen Kaffee zusammen mit einem Stück Schokoladelebkuchen.

„Danke, mein Liebling...skuchen", sagte Karl, erleichtert etwas anderes als das, was er auf dem Herzen hatte, zu sagen.

„Meiner auch", sagte Karoline süß lächelnd zu ihm aufblickend.

Karl beschloss die Brennessel zu fassen: „Hast du dich inzwischen daran gewöhnt, dass Franz ein Priester geworden ist?" fragte er wie beiläufig.

Karoline erstickte fast an ihrem ersten Schluck

Kaffee, aber schaffte es sich zu sammeln. Karl starrte in seinen Kaffee und bemerkte ihre Reaktion nicht.

Schuld kann eine unschuldige Frage zu einem Vorwurf machen.

„Was meinst du?" fragte Karoline scharf, Karls Frage auf alle Arten, die er gar nicht meinte, zu interpretieren.

Was er eigentlich meinte, als er es sagte war: *Ist es nicht seltsam, dass Franz nach all den Kindestagen nun ein Priester ist?* Aber jetzt, Sekunden später, konnte er sehen, wie sie es falsch aufnehmen konnte. Er konnte es nicht ändern - er wusste, was er meinte.

Ich bin nur für das was ich sage verantwortlich, nicht für das was du verstehst, dachte er. Karl konnte sehen, dass Karoline ihre scharfe Reaktion und ihren bitteren Ton bereits bedauerte.

„Ich meinte nur", sagte er, „ich kann ihn mir noch immer nicht als Pater Franz den Priester vorstellen ... sondern nur als meinen kleinen Bruder."

„Ja", sagte Karoline leise und schaute ihn mit melancholischen Augen an, was Karl mit Traurigkeit verwechselte. „Er ist immer noch Franz für mich, so wie er es immer war ... und immer sein wird."

Karl umarmte Karoline zärtlich und spürte wie sie zitterte. All seine unschuldigen Absichten sie zu umwerben verwandelten sich in Gedanken der tiefen Sorge um sie und gab ihm ein elendiges Gefühl der Untreue. Er ließ sie plötzlich los und sah verlegen aus. Er richtete seinen Blick in Richtung des Schlafzimmers um Karolines Augen zu meiden.

„Ich bin sicher, dass Franz sich schnell erholen wird",

sagte er. „Wenn ich in irgendeiner Weise helfen kann ... ich bin in der Nähe, wenn du - " Er verstummte als er mit den Fingern durch seine Haare fuhr. Als er zur Tür ging sah er nicht zu ihr zurück. „Ich werde wiederkommen wenn es Franz wieder besser geht."

Nachdem er die Tür hinter sich geschlossen hatte, blieb Karoline für einige Sekunden wie angewurzelt stehen, ging dann zum Fenster und sah Karl langsam zur Kirche gehen.

„Er ist in dich verliebt", sagte Franz als er sie am Fenster berührte.

„Ich weiß", sagte Karoline mit hoffnungslosem Ton. Sie seufzte tief. „Der falsche Bruder liebt mich."

„Ich liebe dich."

„Und ich sehne mich nach deiner Liebe. Aber wir können nur im Geheimen zusammen sein. Und selbst dann, für wie lange noch? Bald kommt Anna wieder zurück und es wird sich nichts geändert haben."

XXIII

Über die Gesetze der Natur hinaus, macht Gott keine Verpflichtungen und gibt keine Sicherheitsgarantien.

Als Anna zurückkehrte, hatte sich alles geändert.

Die ganze Zeit über, während ihre Freundin weg gewesen war, hatte Karoline am Rande einer großen Kluft, zwischen Hoffnung und Realität, gelebt. Auf der Realitätsseite war ein tiefer Abgrund und die klaffende Schlucht der Hoffnung wurde immer breiter.

Zehn Tage nachdem Anna zum Pfarrhaus zurückgekehrt war, hatte Karoline eine Vorahnung, dass sie schwanger war. Es war kaum mehr als ein vages Gefühl, dass sich etwas in ihr verändert hatte. Sie hatte gehört, dass diese Empfindung bei manchen Frauen eintritt wenn das befruchtete Ei sich an die Wand der Gebärmutter heftet.

Sie erklärte sich ihren Gefühlszustand als überaktive Vorstellungskraft die durch erhöhte Emotionen und durch Angst getrieben sind. Einige Tage später, spürte sie ein Kribbeln um ihre Brustwarzen, ihr Verdacht kehrte zurück. Nicht lange danach, als sie ihre Periode verpasste, wusste sie es mit Bestimmtheit.

Es kann nur Franz gewesen sein, sagte sie sich. Sie hatte sich nie an einen Dritten hingegeben. „Vater Franz", sagte sie laut vor sich hin. „Wie perfekt ironisch." Der Gedanke war ihr einfach so in den Kopf geknallt und ihre Leichtfertigkeit entsetzte sie.

Wir haben die schlimmste Sünde begangen und weder Gott noch unsere Familien werden uns vergeben. Und Sünden des Fleisches sind die Übelsten in den Augen der Kirche.

Es ist die Seele die sündigt, der Körper ist nur das Mittel zum Zweck.

„Gott entscheidet über das Schicksal der Seele, nicht die Kirche," sagte Anna zu ihr als Karoline am folgenden Tag ihr Herz ausschüttete. „Er ist der Allmächtige Herr und unser Gott ... Er hat die Macht, alles zu verzeihen. Er interessiert sich für die Stärke der Seele, nicht für die Schwäche des Körpers. Es ist was du für deine Sünde tust was dein ewiges Schicksal entscheiden wird."

Karoline nickte eine Zeitlang unaufhörlich bis ihr Schluchzen nachgelassen hatte.

„Ich werde das Kind behalten und seine Mutter sein", sagte sie energisch.

„Und Franz?" fragte Anna.

„Was Franz für seine Sünde tut kann ich nicht sagen, aber er darf nicht der Vater des Kindes sein."

„Wann wirst du es ihm sagen?"

Karoline vergrub ihr Gesicht in den Händen und schwieg lange.

„Ich ziehe es vor es ihm nicht zu sagen", sagte sie schließlich und wartete gespannt auf Annas Reaktion. Aber Anna zeigte eine Unergründlichkeit aus der Karoline nichts lesen konnte. „Sobald ich meine Schwangerschaft nicht mehr geheim halten kann werde ich es ihm sagen und all meine anderen Affären eingestehen deren Namen ich mich weigere zu offenbaren. Auf diese Weise wird niemandes Leben ruiniert." *Außer dem meinen.*

Annas Unergründlichkeit schwankte leicht und Karoline hörte sie seufzen.

„Es gibt keinen anderen Weg, Anna", beharrte Karoline einen neuen Schluchzanfall abwehrend. „Franz' Werdegang wäre zerstört und unsere Familien würden sich nie von der Schande erholen. Stell dir unsere armen Mütter vor - es könnte sie beide umbringen."

„Franz wird nicht auf solch eine Geschichte hereinfallen", sagte Anna. „Er wird wissen, dass es sein Kind ist welches du trägst. Und er lässt dich nicht alleine stehen."

Das größte Hindernis für die Erlösung ist nicht die Verleumdung - es ist die Täuschung.

„Einverstanden", sagte Karoline fast flüsternd. „Ich werde es ihm sagen."

†

Karoline saß in der Sakristei und schaute Franz mit Liebe im Herzen und Tränen in den Augen an. Franz Augen waren leblos. Er starrte an ihr vorbei auf Bilder seiner eigenen Phantasie. Er sah das Leben vor sich, das er mit Karoline und ihrem Kind hätten haben können. Ein Leben wie er es sich an seinem 14. Geburtstag, kurz bevor er zum Schloss gerufen wurde, wo er dazu gezwungen wurde Priester zu werden, vorgestellt hatte.

Seine Antwort auf das, was Karoline ihm gerade gesagt hatte, hätte ihn damals mit Freude überwältigt und nicht mit Bedauern bestürzt, das sinnloseste und verderblichste aller Emotionen.

Die hoffnungslosesten aller Worte die ein Mensch aussprechen kann sind: *„Es hätte alles anders sein können."*

In Franz' Kopf wirbelte alles durcheinander und sein Magen drehte sich um, dennoch seine erste Sorge galt Karoline.

Sein Blick kehrte zu ihrem aufgelösten Gesicht zurück. Er nahm ein gefaltetes weißen Altartuch von dem Stapel im Schrank neben ihm und tupfte ihre Augen trocken, dann küsste er sie zärtlich auf die

Stirn.

„Was werden deine Eltern sagen?", fragte er sie sanft. „Sollen wir sie gemeinsam sprechen?"

„Nein ... nein, noch nicht mein Schatz", sagte sie und legte eine Hand auf Franz' Wange. „Ich werde es zuerst alleine versuchen. Meine geliebte Großmutter wird am besten wissen was zu tun ist."

In den nächsten paar Tagen riss Karoline all ihren Mut zusammen um ihre große Sünde der Großmutter zu bekennen, sie fing schon an ihre Nerven zu verlieren. Ihr Schuldgefühl und ihre Scham wurden so intensiv, dass sie begann den Sinn für Realität zu verlieren und ihre Fähigkeit, klar zu denken, beeinträchtigte. Es war in diesem Zustand, dass sie eine Geschichte, die sie ihrer Großmutter erzählen wollte, zusammenreimte.

†

„Ich weiß genau, dass Gott keine Fehler begeht", begann Karoline, „aber er bewirkt Wunder. Ich habe in meinem Herzen und in meiner Seele immer an Wunder geglaubt.

„Weißt du, liebste Großmama, dass ein Wunder das Zeichen der Gegenwart eines Engels bedeutet? Wie das Wunder der Heiligen Jungfrau Maria mit der unbefleckten Empfängnis, das war das Werk des Engel Gabriels.

„Ich glaube, dass mich das gleiche Schicksal ereilt hat. In einer Nacht vor ein paar Wochen erschien mir ein Engel im Traum. Jetzt habe ich entdeckt, dass ich schwanger bin. Ist es möglich, dass meine

Schwangerschaft ein Wunder ist?"

Großmutter Theresia Harmann war eine gläubige Katholikin und wie alle in Hennersdorf glaubte auch sie fest an Wunder. Doch trotz dieser bereiten Akzeptanz der gelegentlichen Störung der unwandelbaren Gesetze der Natur, sie war einfach nur leichtgläubig, nicht wahnhaftig.

Es war Theresia sofort klar, dass ihre Enkelin krank war. Karoline sah blass aus, ihre Augen waren geschwollen und sie schien nervös und aufgeregt zu sein. „Was ist los, mein Kind?" fragte sie beharrlich aber freundlich genug. „Bist du krank?"

„Hast du nicht zugehört was ich sagte, Großmama? Ich bin schwanger."

„Ich hörte etwas von einem Traum und einem Engel und einer unbefleckten Empfängnis. Was für eine Dummheit ist das?"

„Ich bin schwanger, Oma - glaub es mir", rief Karoline erschöpft.

„War es Karl?"

„Nein! Er war es nicht ... ich schwöre es!"

„Nun, es war auf jeden Fall nicht der Engel Gabriel", sagte Theresia forsch. „Also, wer sollte es sonst gewesen sein? Du warst immer hier bei uns oder eben im Pfarrhaus während Anna krank war - Karoline! Lieber Gott! ... Es war Franz!?"

Karoline hatte weder die Kraft noch den Willen es zu leugnen und brach zusammen, alles ihrer Großmutter bekennend.

XXIV

„Segne mich Vater … aber es warst du der gesündigt hat."

Die Worte brachen wie eine Explosion von giftigen Gasen durch das Gitterfenster im Beichtstuhl auf Franz' Gesicht. Ihre schockierende Kraft ließen ihn kurz Schweigen. Schließlich nahm er einen tiefen Atemzug und bereitete sich darauf vor die Verdammung zu erleiden.

„Franz, du hast am meisten und am schmerzlichsten gegenüber Gott, der Kirche, deiner Familie und unserer Familie gesündigt", sagte Theresia mit einer Stimme voller Leid und Enttäuschung. Aber sie enthielt auch unerträgliche Trauer.

„Du hast deine Seele zum ewigen Feuer der Hölle verdammt."

Das muss Gott entscheiden, sagte Franz zu sich selbst.

„Ich bitte dich um Verzeihung, Theresia", sagte er.

„Vielleicht kann dir eines Tages mein Herz verzeihen Franz, aber ich kann deine Seele nicht retten. Was ich versuchen werde ist die Ehre unserer beiden Familien zu retten."

Darauf machte sie das Zeichen des Kreuzes - so leise, dass Franz es nicht hören konnte als sie fortging.

Zum Glück gab es an diesem Tag keine anderen Gemeindemitglieder die warteten um ihre Sünden zu bekennen. Er verließ den Beichtstuhl, verriegelte die Tür der Kirche und kniete vor der Statue der Mutter Maria nieder.

„Liebe gesegnete und heilige Mutter Gottes, bitte vergib mir und Karoline unsere Sünden des Fleisches … und bitte lege bei deinem barmherzigen und liebenden Sohn ein gutes Wort für uns ein."

Franz verharrte fast eine Stunde lang kniend im Gebet vor der Statue der Jungfrau. Gerade als er aufstand um zu gehen kam ihm ein Gedanke und er kniete wieder hin.

„Bitte vermittel auch deinem Sohn den Wunsch von Theresia Harmann damit er unsere Familien von der Schande rettet die unsere schreckliche Sünde über sie zu bringen droht."

†

Was auch immer die Gottesmutter ihrem Sohn gesagt hatte, es schien zumindest teilweise gewirkt zu haben. Theresia Harmann suchte den Rat und die Solidarität von Maria-Anna Kaschke. Gemeinsam schöpften die beiden Großmütter einen Plan die Ehre ihrer Familien zu retten.

„Es ist unmöglich", sagte Maria-Anna, „Franz und Karoline zu zwingen zu heiraten. Es wäre aus unverkennbaren Gründen offensichtlich, dass sie heiraten mussten."

„Ich glaube es steht uns nur eine Möglichkeit offen, Maria-Anna", sagte Theresia, „und ich weiß, dass du den gleichen Gedanken hegst."

„Ja … Karoline muss Karl so bald wie möglich heiraten …."

Mit ihrer Sinneskraft und ihrem gemeinsamen

Willen und Weisheit bewaffnet informierten die beiden Großmütter ihre Familien von der Krise und konfrontierten sie mit ihrem Plan, wie sie zu lösen war. Es gab keinerlei Streit und alle waren sich einig, dass Karl und Karoline heiraten würden. Natürlich hatte Karl keinerlei Einwände und wie der Satz gesagt war hatte er irgendwie einen unwiderstehlichen Drang vor Freude zu strahlen.

Wegen der unverzeihlichen Sünde wurde Karoline keine Wahlmöglichkeit gegeben. „Es ist einfach der Wille Gottes und deine Pflicht. Die Familienehre ist wichtiger als deine Glückseligkeit."

Karoline zeigte Anmut und Würde. Sie nahm den Willen Gottes und ihre Familienpflicht ohne Zwietracht entgegen, gleichzeitig versteckte sie ihre tiefe, innere Traurigkeit die ihr für den Rest ihres Lebens bleiben würde.

Oberflächlich erschien für Franz die Lösung der Großmütter sinnvoll und notwendig. Aber auf einer tieferen Ebenen war sie fast unerträglich - er würde nicht nur Karoline verlieren sondern auch niemals ein Vater zu seinem eigenen Kind sein.

Und um noch mehr Salz in die Wunden seines Herzens zu reiben, müsste er die Hochzeit seines Bruders Karl mit seiner geliebten Karoline, die mit seinem eigenen Fleisch und Blut schwanger war, vollziehen und sie für ein glückliches Eheleben segnen.

Den Gedanken den er in diesem verheerenden Augenblick seines Lebens überhaupt nicht verkraften konnte war, dass er in weniger als 9 Monaten dazu gezwungen würde sein eigenes Kind als Sohn oder Tochter seines Bruders zu taufen.

†

Im 8. Monat ihrer Schwangerschaft kam Karoline ihn besuchen. Er bot ihr seinen gepolsterten, ledernen Ohrensessel, der einzig bequeme Stuhl im Pfarrhaus an.

„Ich dachte du möchtest vielleicht spüren wie dein Kind herumkickt", sagte Karoline als sie sich gesetzt hatte.

Sie ergriff seine Hand und hielt sie gegen ihren gewölbten Bauch.

Sofort rief Franz vor Freude: „Ah! Ich fühle es! Er tritt sehr stark gegen meine Hand."

„Er?" sagte Karoline mit gespieltem Vorwurf. „Mädchen kicken auch." Sie nahm Franz Hand die auf ihrem Bauch gelegen hatte, küsste sie und hielt sie dann an ihre Wange.

In diesem Moment quoll all die Trauer und das Bedauern das Franz im Inneren angestaut hatte an die Oberfläche und brachte ihn zum Weinen.

Seine Gedanken waren plötzlich mit unzähligen Bildern der gemeinsamen, glücklichen Kindheit von Karoline, Karl, Anna und sich selbst erfüllt.

Die Bilder stoppten abrupt mit dem Einen, dem Endgültigen wo er in der Nacht seines 14. Geburtstags Zuflucht mit seinem Pferd im Stall gesucht hatte. Es war die Nacht als seine Instinkte die ihn verzweifelt aus dem Haus rennen ließen, sie waren brutal und sie waren wahr.

Als er damals den Kopf des Pferdes in seinen Händen hielt, verstand er zum ersten Mal was er zu verlieren hatte - was für ein zerstörerisches Opfer das unnatürliche zölibatäre Leben als Priester wirklich bedeutete.

In seinem ersten Jahr als Novize im Stift Melk versuchten die Mönche ihn gegen die Verlockungen der romantischen, sexuellen Liebe zu wahren: *Der erste Seufzer der Liebe ist der letzte Atemzug der Weisheit.*

Er hatte diese Worte so oft während seiner frühen Ausbildung für das Priesteramt gehört, dass sie für immer in sein Gehirn gebrannt waren. In gewissem Sinne war es wahr, aber es war auch äußerst zynisch. Liebe hat nichts mit Weisheit zu tun. Das Erstere lebt im Herzen, das letztere im Kopf.

Ein Leben das nur vom Kopf gelenkt wird ist eine herzlose Existenz.

„Ich werde unsere Liebe nie bereuen, meine herzallerliebste Karoline", sagte er.

„Ich bin stolz auf dich", sagte Karoline trotzig. „Der allmächtige, barmherzige, liebe Gott wird uns nicht verdammen für etwas das so rein und ehrlich war."

XXV

Der allmächtige, barmherziger Gott war weit davon entfernt Franz und Karoline zu verdammen, Er segnete ihre Vereinigung mit einer schönen, gesunden Tochter.

Franz war sich bewusst, dass er jenseits der Taufe keine weitere Teilnahme am irdische Leben seines unehelichen Kindes haben würde. Er wusste auch, dass er nicht gefragt werden würde in welchem Namen das Kind getauft werden sollte.

Aber sein tiefer Wunsch war es, dass ihr Name Maria sei, zu Ehren seiner geliebten Mutter Maria. So besessen war er auf diesen Gedanken, dass er es Karoline wissen ließ, obwohl er wusste, dass dies gegen jedermanns Wünsche verstieß, außer dem von Karoline.

„Ich weiß, ich habe kein Recht zu fragen", sagte er, „aber sie ist meine Tochter und ich bitte dich, laß sie in Namen Maria getauft werden."

„Diese Entscheidung liegt nicht allein in meiner Hand, Franz", sagte Karoline traurig. „Karl und unsere Eltern haben den Namen gewählt, er ist Gisela. Ich wurde nicht einmal nach meiner Meinung gefragt und ich bin nicht in der Lage es zu ändern."

Franz senkte seinen Kopf und nickte in niedergeschlagener Schmach. Eine Welle von Traurigkeit überkam ihn als er erkannte, dass Karolines Demütigung noch weit größer war.

„Es ist eine Strafe", sagte sie seine Gedanken lesend. „Ich war darauf vorbereitet. Wenn es meine Entscheidung gewesen wäre würde sie Maria getauft werden."

Franz hob schließlich den Kopf und brachte ein sanftest Lächeln auf: „Nun, wir werden gemeinsam mit unserer Tochter bei der Taufe zugegen sein."

Sein Lächeln verschwand sofort als er Karolines

Tränen sah. Er umarmte sie und hielt sie für eine lange Zeit innig fest ... zum letzten Mal.

Eine Woche später würde es auch das letzte Mal sein, dass Franz seine kleine Tochter in den Armen hielt. *Kurzlebige Freude ist die Mutter aller Schmerzen.*

Als die Patin ihm das Kind am Taufbecken überreichte ergriffen ihn ein Orkan von völlig unterschiedlichen Empfindungen. Er hätte sich nie vorstellen können, dass es gleichzeitig intensiven Schmerz und Freude geben konnte.

Der kleine Säugling starrte ihm so intensiv in die Augen, dass er nicht wegsehen konnte. Ihm kam es vor als ob sich ihre beiden Seelen verbanden. Franz war wie gebannt und es bestand die Gefahr, dass er vergaß warum er hier anwesend war.

Von allen verfluchten Gefühlen die ihn fesselten war eines schwierig zu verdrängen, seine Wut. Sie brachte ihn in die Realität zurück. Er bemerkte, dass er die Stirn runzelte und er fühlte im ganzen Körper eine Spannung die anfing seinem ansonsten besinnlichen Wesen entgegenzulaufen.

Seine Schwester Anna war die Erste die es bemerkte: „Franz!", sagte sie so laut wie sie es sich nur wagte. „Wir wissen alle, dass das Baby schön ist, aber wenn du es noch lange hältst und bewunderst ... kann sie zur Taufe zu alt sein!"

Mehrere Leute lachten laut auf doch für Franz brach es den Bann.

„Ja", sagte er, mit einem, auf wundersamer Weise beschworenen Lächeln, „wir müssen die unschuldige Seele unverzüglich reinigen." Er wandte sich an die

Patin des Kindes: „Und wie soll das Kind heissen?",
fragte er sie, doch sein Lächeln maskierte die
Enttäuschung in seinem Herzen.

„Ihr Name ist Gisela .... Maria."

Franz Augen leuchteten vor Überraschung auf. Er
fing Karolines Blick und dankte ihr schweigend: „Ach
- Gisela die schöne Maria", sagte er. „Es ist ein Name,
der diesem Engel Gottes gebührt."

Auch wenn seine und Karolines Familie ihre
uneheliche Tochter nicht als einen Engel Gottes
ansehen würden, würde sie genau das für ihn und
Karoline immer bleiben.

In den nächsten Jahren führten Karoline und Karl
eine liebevolle Beziehung, die vier eheliche Kinder
hervorbringen würde - Magda, Michael, Veronika
und Rose. Aber Franz und Karoline würden ihre
Gisela-Maria immer als Geschenk von Gott ansehen -
ein Geschenk, das sie wahrscheinlich nicht verdienten
das Er ihnen aber dennoch verlieh.

Franz hatte keinen Zweifel daran, dass es der Einfluss
von seiner geliebten Mutter Maria im Himmel war,
die der Schöpfung von Gisela-Maria zugestimmt hat.
Eine Macht größer als die des Kaisers und des Papstes,
dachte er.

Sein Unmut auf die menschenverachtenden
Vorschriften von Staat und Kirche war nie auf Mutter
Maria gerichtet. In der Tat liebte er sie noch viel mehr
da sie es Karoline ermöglichte diese kostbare Seele auf
die Welt zu bringen.

Obwohl Gisela-Maria letztendlich ihrer Mutter
zum Erzug übergeben wurde, wusste Karoline, dass

ihr erstes Kind, das in Sünde mit ihrem Geliebten, einem Priester entstand, nichts weniger als ein Wunder war. Trotz ihrer bedingungslosen Liebe für ihre vier anderen Kinder, hielt Karoline ihre Gisela-Maria immer als eine besondere Liebe im Herzen fest.

Dort wo große Liebe waltet sind Wunder immer möglich.

XXVI

Wunder können auch aus weniger magischen Gründen als große Liebe entstehen. Wegen seiner bösen Sünde, der Zeugung eines Kindes, erwartete Franz jeden Tag den Zorn der Kirche oder auch eine Kopfnuss vom Allmächtigen höchstpersönlich.

Stattdessen wurde Franz eine große Ehre verliehen.

„Pater Franz - herzlichen Glückwunsch!" sagte der Bischof von Deutsch-Gabel bei seinem Überraschungsbesuch in der Nachbargemeinde Hennersdorf. „Sie wurden auserwählt eine Predigt in Anwesenheit des Kaisers zu halten!"

Kein Sakrileg ist größer als die Barmherzigkeit Gottes. Seit seinem Sündenfall hatte Franz versucht sich im Glauben zu trösten. Er hatte um Vergebung gebeten aber nie eine Ehre dieser Art erwartet - wenn man davon ausgeht, dass es als große Ehre anzusehen war.

Solch göttliche Vergebung schien Gnädigkeit zu übertreiben. Deshalb vermutete Franz, dass die so erhaltene Ehre eine Strafe und keine Belohnung sei.

Hier war der göttliche Sinn für Humor am Spiel. Gott wusste ganz genau, dass es vor allem der Kaiser war, der ihn dazu gezwungen hatte ein Priester zu werden.

Die Tatsache, dass der Bischof erfreut und nicht bestürzt schien, dass er nicht selbst der Begünstigte einer solch großen Ehre war, erhöhte nur Franz' Verdacht.

Verdacht ist eine Empfindung mit einer negativen Einstellung, sagte sich Franz. Er wusste, dass wenn der Verdacht sich einschleicht der Seelenfrieden auf einen Spaziergang geht. So entschied er sich des Kaisers Predigt als eine Ehre anzunehmen und es als die Vergebung Gottes anzusehen.

†

Franz' erste Aufgabe im Ablauf zur Fertigstellung des Kaisers Predigt bestand darin für eine Woche nach Deutsch-Gabel zu reisen um dort einen Abgesandten des Kaisers Franz-Joseph I., Anton Dahede, zu treffen.

Anton war des Kaisers erster Offizier und wurde im Voraus geschickt, um den Besuch des Erhabenen Monarchen vorzubereiten.

Franz und Anton verstanden sich glänzend. Sie erkannten einander sofort als Gleichgesinnte. Anton war als Leibeigener an den Kaiser gebunden und Franz als solcher an den Papst - beide waren Zwängen unterlegen die im Dienst an höhere Mächte standen. Instinktiv spürten sie ihren rastlosen Ehrgeiz der unterdrückt wurde sich aber nicht erobern ließ.

Trotz seiner Gebundenheit an den Kaiser war Anton ein Mann von Kultur und er setzte großes Vertrauen in sein eigenes Urteilsvermögen in Bezug auf Andere. Er zögerte nicht Franz von seiner Sehnsucht nach Unabhängigkeit, sein eigenes Leben zu leben, zu erzählen.

„Ich sehne mich danach zu heiraten und Kinder zu haben", sagte er, „aber bis ich vom Dienst an Kaiser Franz-Joseph I. freigegeben werde und offiziell im Ruhestand bin, ist es mir nicht gestattet eine Frau zu nehmen. Meine einzige Verpflichtung und Sorge muss dem Kaiser gelten. Es war nicht meine Lebenswahl aber nun lebe ich sie mit Ergebenheit ... wenn nicht sogar mit Leidenschaft."

Anton starrte in die Ferne mit Sehnsucht in seinen Augen als ob er durch die vergitterten Fenster einer Gefängniszelle schaute.

„Freiheit ist der Sauerstoff der Seele, Franz", sagte er in die Gegegenwart zurückkehrend.

„Es ist die Treue zu sich selbst ohne jemanden um Erlaubnis bitten zu müssen." bestätigte Franz.

„Genau!" rief Anton. „Ein Vogel im Käfig kann seine Flügel strecken sie aber nicht dazu verwenden fortzufliegen obwohl er sich danach sehnt dies zu tun."

„Natürlich bedeutet Freiheit nicht unbedingt frei sein", sagte Franz. „Es hat alles seinen Preis."

„Das ist wahr", stimmte Anton zu. „Es geht mit Gefahr und Verantwortung einher." Er legte eine Hand auf Franz' Schulter und sah ihm in die Augen: "Ich bin bereit beides im Gegenzug für die Freiheit zu akzeptieren, Franz ... ich bin mir sicher, du auch."

In dem Moment wo er es sagte bereute Anton es schon weil Franz niedergeschlagen daher blickte.

„Mein lieber Franz!" sagte er erschrocken. „Was habe ich gesagt?"

Franz erster Instinkt war, der Frage auszuweichen, aber er fühlte bereits eine Kameradschaft gegenüber Anton. Die Offenheit und Ehrlichkeit seines neuen Freundes sollte erwidert werden. *Er hat die Wahrheit verdient.*

So erzählte Franz Anton alles über seinen eigenen Zwangsdienst als Priester, über seine tiefe Liebe für Karoline, ihre große Sünde und die tragischen Folgen.

„Ich habe eine schöne Tochter darf aber nie ihr Vater sein. Die immerwährenden, schrecklichen Höllenängste sind die Strafe für meine Sünde."

„Wo Liebe lebt gibt es keine Sünde", sagte Anton.

Die beiden Männer hielten sich in den Klosterräumen der Basilika von Deutsch-Gabel auf, einer wunderschönen Barockkirche welche dem Heiligen Laurentius und der seligen Zdislava gewidmet war.

Am nächsten Morgen trafen sie sich zum Frühstück. Es war eine einfache Kloster Mahlzeit, nicht das reichhaltige Frühstück das Anton Dahede gewohnt war: „Das ist nicht nach meinem Geschmack," murmelte Anton zerstreut und verdrückt die mageren Bissen auf seinem Teller. „Natürlich würde der Kaiser dies für gut heissen. Franz-Joseph ist ein großer Monarch, aber er hat einen ganz einfachen Geschmack. Überall wo wir hingehen, besteht er auf das simple Essen das die lokalen Leute speisen. Er mag keine aufwendigen Festlichkeiten sondern viel lieber informelle Treffen, wo er sich unter seine Untertanen mischen kann." Er lächelte und zwinkerte Franz zu: „Er möchte auch eine Predigt von einem bescheidenen Pfarrer hören."

Franz grinste zurück: „Auch von einem der seine Gemeinde schon empört hat?"

Anton schüttelte den Kopf: „Das würde ihm nichts ausmachen. Lass uns nicht vergessen, dass der junge Franz-Joseph selbst seine Familie empörte als er die für ihn ausgewählte Frau nicht heiratete. Er hatte seinen eigenen Dickkopf und wählte stattdessen seine 16-jährige Nichte, die Herzogin Elisabeth von Bayern.

„Während wir beide das Gefühl haben, dass er zu Unrecht über unser Leben bestimmt und uns keine freie Wahl gibt, hatte er viel Schmerz und Trauer in seinem eigenen Leben über das er keine Kontrolle hat, erlebt. Seine geliebte Frau Sissi, die Kaiserin, wurde vor drei Jahren ermordet - er ist immer noch in Trauer."

Franz nickte ernsthaft. Das Wenige was er bisher von Anton über den Kaiser Franz-Joseph erfahren hatte, weichte seine gehärtete Meinung über den Kaiser auf und half ihm eine positivere Einstellung bei der Verfassung der Predigt für ihn zu erlangen. Er bekreuzigte sich. *Vielleicht ist es ja doch eine Ehre.*

Kaum war ihm der Gedanke gekommen, da verwünsche er ihn schon. Denn plötzlich bezweifelte er seine Fähigkeit die bevorstehende Aufgabe standesgemäß durchzuführen er fing an, an seinen

Fähigkeit zu zweifeln. Er war in Sorge, dass er vor dem Kaiser und der großen Gemeinde einen Narren aus sich machen würde.

Seine wachsende Furcht war für Anton offensichtlich geworden.

„Ein Wolf verliert keinen Schlaf über die Meinung der Schafe", sagte er. Franz war sich nicht ganz sicher, was er meinte.

„Die anwesende Gemeinde - deine Herde - sind die Schafe", erklärte Anton. „Was sie von deiner Predigt halten, ist nicht wichtig. An dem Sonntag zählt nur die Meinung des Kaisers."

Franz stöhnte und wollte gerade etwas erwidern.

Aber Anton hob eine Hand, um ihn zum Schweigen zu bringen: „Kaiser Franz-Joseph wird dich für den Mut in seiner Gegenwart eine Predigt zu halten bewundern. Er wusste schon, dass der Bischof den Mut nicht hatte. Der Kaiser wird deine Courage, egal wie gut oder schlecht die Predigt ausfällt, respektieren. Aber, wie auch immer, ich weiß es wird eine ausgezeichnete Predigt sein. Wir werden sie gemeinsam schreiben."

XXVII

Franz fühlte sich nicht wie ein Wolf als er die imposante Basilika von Deutsch-Gabel betrat - eher wie ein Lamm auf der Schlachtbank. Die riesige Barockkirche beherbergte eine Masse von sturen Gesichtern. Er sah sie als reine Zuschauer. Fantasiebilder von Christen die im römischen Kolosseum von wilden Tieren auseinandergerissen werden füllten seinen Kopf.

Anton begrüßte ihn in der Sakristei und da fühlte er sich sofort besser.

„Ah, der Wolf nähert sich," sagte Anton mit einem breiten Grinsen. „Und die Schafe erwarten ihn zitternd vor Furcht und Spannung."

Ich bin der einzige der zittert, dachte Franz. Antons gute Laune und seine Ermutigung zeigten Wirkung das Vertrauen in Franz wuchs von Minute zu Minute.

Schneller als gedacht stand er auf der Kanzel um zu sprechen. Die fragenden Gesichter der Gemeinde anschauend erinnerte er sich an Antons anderen Ratschlag um seine Nerven zu beruhigen: „Wenn du sie dir nicht als Schafe vorstellen kannst, dann stelle dir vor, dass alle nackt sind - das gibt dir die Oberhand. Es wird ein Lächeln auf deine Lippen bringen und dich in die richtige Stimmung versetzen um zu sprechen."

Franz akzeptierte seinen Rat und stellte fest, dass es perfekt funktionierte.

„Eure Hochwürden, seine apostolische Majestät, Kaiser Franz-Joseph, geehrte Honoratioren liebe gläubige Gemeinde, heute feiern wir ‚den Geist des Lebens'.

Was sagt die Bibel über den Geist des Lebens?

Römer 8: Vers 2 - Denn das Gesetz des Geistes, der da lebendig macht in Jesus Christus, hat mich frei gemacht von dem Gesetz der Sünde und des Todes.

Und 2. Korinther 3: Vers 17 - Denn der HERR ist

der Geist; wo aber der Geist des HERRN ist, da ist Freiheit.

Augustinus sagt uns, dass der Geist des Lebens ganz einfach nur Liebe ist - Liebe zu Gott, Liebe zu uns selbst und Liebe für Andere.

Der italienische Renaissancedichter und Humanist Petrarca geht sogar noch einen Schritt weiter. Er sagt:

> *Die Liebe ist die Krönung der Menschheit.*
> *Die Liebe ist das heiligste Recht der Seele.*
> *Die Liebe ist das goldene Glied das unsere*
> *Pflicht und unsere Gesinnung bindet.*
> *Die Liebe ist die erlösende Prämisse, die*
> *vor allem das Herz des Lebens auf Erden*
> *und das prophetisch Ewige in Einklang bringt.*

Für Petrarca ist die Liebe die tiefste Sehnsucht des menschlichen Willen und das charakteristische Merkmal des Willens ist Freiheit ... Freiheit der Seele, Freiheit des Geistes und der Freiheit so zu leben wie wir es uns wünschen.

Lassen Sie mich 2. Korinther 3.17 wiederholen - wo der Geist des Herrn ist, da ist Freiheit. Gott zu lieben ist die größte Freiheit die wir heute alle genießen - und dafür wiederum von Ihm geliebt zu werden.

Das ist was uns anspornt ein gutes Leben zu führen. Das bringt uns Glück und Herrlichkeit ... jetzt und im Leben danach. Das ist der Sinn des Geistes des Lebens. Der Heilige Geist und die Seele des Menschen zusammen verbunden, untrennbar miteinander verknüpft, und frei ... für immer.

Natürlich ist all die Liebe keine Garantie für ein

glückliches Leben. Viele von uns empfinden eine tiefe Liebe zu Gott oder zu unseren Nächsten und dennoch erleben wir unerträgliche Schicksalsschläge und unsägliche Traurigkeit."

Hier hielt Franz inne und senkte den Kopf in stillem Gebet, um den Schmerz derer im Publikum, die jemanden Lieben verloren hatten, zu respektieren.

Anton warf einen Blick auf Kaiser Franz-Joseph, der Franz aufmerksam beobachtete und er konnte Tränen in den Augen des Kaisers sehen. Er wusste auch, dass Franz aus eigener Erfahrung sprach.

Als Franz endlich den Kopf hob, sah er unbeabsichtigt in des Kaisers Augen, dieser nickte ihm zu. Franz wurde kurz überwältigt, erholte sich aber schnell und setzte seine Predigt fort...

†

Minuten später pausierte Franz wieder und atmete tief durch um seine abschließenden Erläuterungen zu machen. Er blickte wieder auf den Kaiser der ihn immer noch aufmerksam beobachtete. *Meine lieben Nerven, verlasst mich jetzt nicht,* dachte er und fuhr fort.

„Wie Augustinus sagte, die Liebe ist der Geist des Lebens. Sie gibt uns den Mut und die innere Stärke und ermöglicht uns in der Trauer über die gehabte Liebe glücklich zu sein als nur einfach über die verlorene Liebe zu verzweifeln. Diese Liebe lebt für immer und ewig in unserer Seele und wird niemals sterben. Wir werden sie wiedererleben wenn wir eines Tages mit unseren Lieben

im Paradiese vereint sind.

Der Geist des Lebens ist auch die Freiheit Gott zu lieben. Im Gegenzug gibt Gott uns die Freiheit Ihn zu lieben - es liegt ganz an uns. Er gibt uns auch die Freiheit des Willens ... und die Freiheit zu Leben, wie wir es wollen. Die menschliche Freiheit ist in all ihren Erscheinungsformen der Wille Gottes - die Freiheit des Menschen ist unantastbar. Gott hat uns die Freiheit gegeben Hingabe und Glückseligkeit für die Ewigkeit zu wählen.

Freiheit ist das Recht einer jeden Seele und derjenige der sie verleumdet wird es vor dem Allmächtigen am Tag des jüngsten Gerichts verantworten müssen.

Jede neue Seele ist ein Kind Gottes. Der erste Schrei eines neugeborenen Sprösslings ist ein Schrei nach Freiheit - die Gott sofort gewährt. Keiner sollte es wagen sich Gott zu widersetzen indem er diese Freiheit nimmt."

Die Predigt ist zuende. Ich habe es geschafft! dachte er erleichtert.

Als er die Gemeinde segnete, betete er, dass er mit dem Thema Freiheit den Kaiser, dessen Augen ihn ständig fixierten, nicht beleidigt hatte.

Dann geschah etwas Außergewöhnliches. Seine königlich apostolische Majestät, Kaiser Franz-Joseph I. erhob sich langsam und stand für ein paar Sekunden ganz still und starrte auf den jetzt ganz entsetzten Franz auf der Kanzel.

Der erhabene Kaisers hob die Hände und gab ganz leisen Beifall für Pater Franz Kaschke, den demütigen Pfarrer von Hennersdorf.

Niemand wagte es einzustimmen. Dies war die

Stunde des Kaisers und der gab kein Zeichen, dass er die Teilnahme anderer wünschte.

Franz verbeugte sich und verließ die Kanzel.

XXVIII

Zur heiligen Kommunion des Kaisers war eine spezielle Zeremonie vorbereitet worden. Eine kleine Gruppe ausgewählter Mädchen aus dem Klosterchor stand singend im Halbkreis um den Altar, wo Kaiser Franz-Joseph kniete um die Hostie, den Leib und das Blut des Erlösers Jesu, zu empfangen.

Eines der Mädchen mit Kerze trat vor und begleitete den Bischof, als er die Kommunion an den Kaiser verabreichte.

Mit dem Schein des Kerzenlichts im Gesicht sah das privilegierte Mädchen strahlend wie ein Engel aus. Ihre Ausstrahlungskraft ging Anton nicht verloren. Er war entflammt und konnte seine Augen für den Rest der Messe nicht von ihr lassen.

Nachdem der Kaiser die heilige Kommunion empfangen hatte, wurden die Stimmen der Mädchen vom gesamten Kirchenchor begleitet und ein fröhlicher Klang erfüllte die riesige Kuppel der Basilika in Deutsch-Gabel. Der jubelnde Gesang begleitete den Kaiser und sein Gefolge auf ihrem langsamen Weg, den Gang hinunter, aus der Kirche.

Der Bischof schloss die Messe und die Gemeinde konnte nach draußen gehen und ihrem Kaiser zujubeln. Franz-Joseph I. wurde als König des Volkes gesehen und regierte 68 Jahre lang. Er war der am längsten regierende Kaiser von Österreich.

Zurück in der nun fast leeren Kirche war Anton der Erste, der Franz zu seiner Predigt gratulierte.

„Es war unsere Predigt, Anton", sagte Franz. „Ich hätte es ohne dich nicht geschafft."

„Nun, vielleicht findest du eine Möglichkeit dies dem Kaiser zu sagen!", sagte Anton mit einem Lachen. „Er applaudierte die Predigt - das hat es noch nie gegeben!"

„Ich war fassungslos", sagte Franz. „Und immens erleichtert."

„Worüber ich fassungslos war", sagte Anton, „war das Mädchen mit der Kerze während des Kaisers Kommunion. Wer ist sie?"

Franz sah ihn seltsam an, dann erkannte er, dass Anton es nicht erahnte.

„Das ist Gisela-Maria Kaschke ... meine Tochter."

„Das ist deine Tochter!?" Anton erstickte fast an den Worten.

„Ich wollte dir an dem Abend nicht alles sagen, Anton."

„Ich verstehe", sagte Anton. „Sie ist wunderschön!"

„Sie ist erst 12 Jahre alt, weniger als halb so alt wie du - du musst dich woanders nach einer zukünftigen Frau Dahede umsehen müssen."

Aber sie wird nicht immer 12 Jahre alt sein, dachte Anton. *Ich werde warten, ... ich bin nicht in Eile. Ich kann sowieso nichts tun bis der Kaiser mich von meinen Diensten befreit.*

„Eines Tages werde ich dir alles erzählen Anton,

aber nicht jetzt", sagte Franz und wollte das Thema wechseln und Antons Gedanken von Gisela-Maria ablenken.

Anton grinste breit, sagte aber nichts. *Lieber Franz, es gelingt dir nicht, ich werde unaufhörlich an sie denken. Eines Tages wird sie meine Frau werden. Davon bin ich überzeugt.*

Während Franz annahm, dass Antons Gedanken bald auf andere jungen Frauen gerichtet sein würden, wusste er, dass Gisela-Maria für immer in seinen Gedanken blieb - und untrennbar mit seiner Tochter, ihre Mutter - jetzt mehr denn je.

Er wusste, dass Karoline in ihrer Ehe mit Karl todunglücklich geworden war. Zehn Jahren lang hatten sie eine liebevolle Beziehung genossen. In all dieser Zeit war Karl davon überzeugt, dass er Karoline für sich gewonnen hatte und sie sich nicht mehr nach Franz sehnte. Seine Überzeugung war tief verwurzelt, doch irgendwie hat er es doch nie wirklich geglaubt.

Jetzt gelang er zu der Einsicht, dass Karoline immer noch in Franz verliebt war. Um die Wunde zu heilen, verfiel Karl dem Trinken und Spielen. Dies hat nicht den Schmerz gelindert aber es stürzte seine Familie in tiefe Schulden und beschleunigte den Niedergang der Ehe.

Franz konnte nichts tun um deren Ehe zu retten oder um Karolines Leben zu erleichtern. Seine Ohnmacht ihr zu helfen trieb ihn zur Verzweiflung.

Er wandte sich an Mutter Maria und wieder schloss er sich in der Kirche ein um ihren Trost und Rat zu suchen.

Er kniete für mehrere Stunden vor ihrer Statue, in seiner Trauer und seinem Elend völlig verloren und bemerkte noch nicht einmal den betäubenden Schmerz in seinen Knien. Letztendlich wusste er nichts mehr zu beten oder zu sagen. Er starrte mit leerem Blick auf das Gesicht der seligen Jungfrau und lauschte der Stille der leeren Kirche.

Zu seinem Erstaunen hörte er die Stimme einer Frau, weich und melodiös, ein Lied singen das er noch nie gehört hatte. Der Klang musste entweder vom Inneren der Kirche kommen oder vom Inneren seines Kopfes. Aber für Franz war es in diesem Moment die Stimme der Mutter Maria selbst.

Er blickte zu ihr hingerissen auf und lauschte dem Lied, Tränen liefen über seine Wangen.

Als die Stimme verstummte, stand Franz steif auf und humpelte zu einer Kirchenbank, wo er so lange sitzen blieb, bis die Schmerzen in seinen Knien nachließen und die Durchblutung in den Beinen zurückkehrte.

Er konnte sich an jedes Wort des Liedes erinnern, so wie es ihm durch die Mutter Maria erschienen war. Er ging zur Sakristei, nahm einen Stift und Papier und schrieb es auf.

Er sah das Lied als Schlussstrich, als eine endgültige positive Akzeptanz der Art und Weise wie die Dinge waren - ein Amen seines Leben. *Es ist auch ein Liebeslied,* sagte er sich, *ich werde es der Mutter Maria und Karoline widmen.*

Im Laufe der nächsten Wochen legte Franz die Worte zu Musik. Er wusste, dass ‚Amen' ein altgriechischhebräisches Wort war und für ‚*Treue*' und ‚*Zuversicht*' stand.

Am Ende eines Gebets ausgesprochen bedeutete es, ‚*so sei es*' oder ‚*so soll es sein*'. *Wenn meine Liebe zu Karoline meine Seele verdammt hat, und Mutter Maria sie nicht retten kann, dann soll es so sein.*

XXIX

Franz bekam nie die Möglichkeit sein Liebeslied für Karoline zu singen. Zunächst gab es nie die passende Gelegenheit. Später war er zu sehr damit beschäftigt sich um die spirituellen Bedürfnisse der Kranken und Sterbenden zu kümmern.

Im Winter nach seiner Predigt an den Kaiser verheerte eine Grippe-Epidemie den Bezirk und infizierte vor allem die Jüngsten und die Älteren. Franz war ständig damit beschäftigt die Häuser der Kranken zu besuchen und mit ihnen am Krankenbett zu beten.

Eine Zeitlang verteilte er medizinische Empfehlungen und spirituellen Rat von der Kanzel. „Die Grippe ist hoch ansteckend und breitet sich durch virusinfizierte Tröpfchen, die ausgehustet werden, aus. Das Virus gedeiht in stickigen Räumen voller abgestandener Luft, so öffnet die Fenster und lasst frische Luft herein."

Mit den vielen Stunden die er in diesen stickigen Zimmern mit hustenden und niesenden Gemeindemitglieder verbrachte war Franz' eigenes

Schicksal besiegelt. An einem Sonntag war sein Husten so stark und anhaltend, dass er nicht in der Lage war, die Messe zuende zu führen.

Die Pandemie forderte rasch ihren Tribut und seine Gemeinde schrumpfte um eine Handvoll. Unter den Wenigen, die noch am folgenden Sonntag zum Fronleichnamfest in die Kirche kamen, fehlte Franz. Seine schwere Erkältung hatte sich schnell auf seine Lungen gelegt und eine virale Lungenentzündung hervorgerufen.

Franz war heiß vor Fieber und als Karoline ihn zum ersten Mal besuchte konnte er sie nicht empfangen. Am nächsten Tag, als sie es noch einmal versuchte ließ Franz' Schwester Anna sie in sein Zimmer. Sein Fieber war vorübergehend gesunken aber er litt unter extremer Müdigkeit und war kaum in der Lage zu sprechen.

Karoline war schockiert als sie ihm in die Augen sah, einst so lebendig und spritzig, waren sie jetzt tödlich fahl. Sie leuchteten für einen Augenblick auf als er sie sah verblassten dann aber ebenso schnell wieder.

Die Liebe ist das Licht der Seele, dachte Karoline. *Ich habe ihren letzten, endgültigen Schimmer gesehen.*

„Meine süße, liebste Karoline", flüsterte Franz.

„Mein Liebster", sagte sie leise und küsste ihn mit Absicht auf die Lippen - ein langer, langer Kuss der beabsichtigt war eine Ewigkeit zu halten.

Mit ihren Lippen spürte sie ihn lächeln. Es war sein stiller Abschied: *Ich verlasse dich meine geliebte Karoline, gedenke unser Glück, nicht unser Leid.*

†

Falls die Kirche Pater Franz' große Sünde immer noch nicht verziehen hatte seine Gläubigen hatten es mit Sicherheit. Alle Einwohner von Hennersdorf waren bei seiner Beerdigung ob regelmäßige Kirchgänger oder auch nicht. Auch einige ältere Gemeindemitglieder, die wegen Franz' ungewohnten Predigten nicht mehr kamen waren hier um ihn zu ehren.

Karoline und Gisela-Maria legten den Kranz kurz vor der Totenmesse auf Franz' Sarg. Durch ihre stille Tränen für den Vater, den sie kaum kannte hörte Gisela-Maria den festen, erstickenden Husten ihrer Mutter der kaum zu verbergen war. Sie wusste, dass das unerträgliche Leid das sie in diesem Moment spürte nur noch schlimmer kommen würde.

Karoline wusste es auch. Sie hatte keinen Zweifel daran, dass der Sterbenskuss mit Franz auch ihr Schicksal besiegelte. Ihre Lungenentzündung war schneller fortgeschritten als die von Franz. Innerhalb weniger Tage nach seiner Beerdigung war sie ans Bett gefesselt. Die 12-jährige Gisela-Maria konnte sie kaum alleine lassen, sie pflegte ihre Mutter mit jeder Unze von Liebe und Eifer die sie aufbringen konnte.

Eines Tages begann Karoline Blut zu husten und bat ihre erschrockene Tochter in die nächste große Stadt, nach Deutsch-Gabel zu gehen um einen Arzt zu holen. Sie ging so schnell sie konnte und Gisela-Maria kam erschöpft in der Arztpraxis an, gerade als es anfing zu schneien. Der Arzt versprach Karoline noch am selben Tag zu besuchen. Nach einem heißen Tee und einer kurzen Pause machte sich Gisela-Maria auf den Weg durch den Schnee zurück nach Hennersdorf.

In Sichtweite des Dorfes geschah etwas Ungewöhnliches und sie hielt vor Schreck inne. Es bewegte sich wie eine eisige Wolke auf sie zu. Ein Ton, der normalerweise fröhlich und schön war zerriss nun ihr Herz und ging ihr bis auf die Knochen.

Die gleichen Kirchenglocken welche die Geburt ihrer Mutter an einem frostigen Winternacht vor vielen Jahren angekündigt hatten erklangen nun durch den kalten dunklen Himmel mit einer Botschaft voll Kummer und Sorgen. Gisela-Maria fiel auf die Knie im Schnee wissend, dass ihre geliebte Mutter gestorben war.

Als sie schließlich das Haus ihrer Mutter erreichte, wartete Anna auf sie. Nach einer langen, tränenreichen Umarmung, überredete Anna die kleine Gisela-Maria ins Bett zu gehen um Ruhe zu finden. Sie blieb im Haus über Nacht und frühstückte mit dem verstörten Mädchen am nächsten Morgen.

Kurze Zeit später, als sie davon überzeugt war, dass Gisela-Maria stark genug war, reichte sie ihr ein gerolltes Blatt Papier das mit einem lila Band gebunden war. Gisela-Maria entrollte es und sah die Worte eines Liedes mit Notenschrift.

Sie las den Titel laut: „So soll es sein."

„Es ist ein Liebeslied das dein Vater, nach seiner Predigt an den Kaiser für deine Mutter geschrieben hat", sagte Anna. „Franz sagte mir, dass er nie die Gelegenheit hatte es Karoline zu zeigen. Leider starb er, bevor er die Möglichkeit dazu hatte."

Mit Tränen in den Augen begann Gisela-Maria, die Worte des Liedes zu lesen.

„Und warst du in der Lage es meiner Mutter zu zeigen bevor sie starb?"

„Ja", sagte Anna, leise. „Sie hatte es von dem Augenblick an wo sie krank wurde viele Male gelesen. Und ich sang es für sie - denn Franz hatte mir, bevor er starb, die Melodie gelehrt."

„Würdest du es für mich jetzt singen?"

Anna nickte zustimmend. Ihre Stimme war rein und wohlklingend:

Ich höre die Engel auf den Wolken windig
Sie sagen mir, wir haben nicht gesündigt
Das ist der Mutter Wort in Friede
Es gibt keine Sünde in wahrer Liebe

Liebe ist die heil'ge Taube
Der heil'ge Geist im Glaube
Wo immer Liebe stünde
Da gäb' es keine Sünde

Maria versprach die wahre Bande
Eure Herzen tragen keine Schande
Und Eurer Seelen inner Freiheit
Bezeugt die allertiefste Wahrheit

Liebe ist die heil'ge Taube
Der heil'ge Geist im Glaube
Wo immer Liebe stünde
Da gäb' es keine Sünde

Für Euch beide gilt nun für immer
Eure Liebe war ein Hoffnungsschimmer
Nicht nur in der Vergangenheit
So soll es sein in Ewigkeit

Liebe ist die heil'ge Taube
Der heil'ge Geist im Glaube
Wo immer Liebe stünde
Da gäb' es keine Sünde

Engel sagen mir ganz leise ein
So soll es sein
So soll es sein ...
So soll es sein ...   *Amen.*

Epilog

Lieber Leser, vielleicht verstehen Sie jetzt, warum ich dieses Buch *Anna* gewidmet habe - sie war die wirklich leidende Seele in dieser Geschichte.

Während Franz, Karoline und Karl, wenn auch nur kurz, in der Lage waren ihre irdischen Freuden zu erfüllen, war die arme Anna zu einem Leben als lieblose Jungfer verdammt.

Auch wenn es anzuerkennen ist, dass sich die römisch-katholische Kirche in Bezug auf die Rekrutierung von Priestern und ihren Hausmägden erneuert hat, der Zölibat für die Priester besteht weiterhin.

Wir warten immer noch auf Gottes Urteil zu diesem Thema, aber wie so oft hüllt Er sich in Schweigen.

So soll es dann eben sein:

eine wahre Tragödie.